pauker.

Quali2023

Mittelschule Bayern

Name:

Schule:

Klasse:

hutt
lernhilfen

hutt.lernhilfen ist eine Marke der
Bergmoser + Höller Verlag AG
Karl-Friedrich-Straße 76
52072 Aachen

T 0241 93888123
F 0241 93888188
kontakt@buhv.de

Umsatzsteuer-Id.Nr.: DE 123600266
Verkehrsnummer: 10508
Handelsregister Aachen HRB 8580

Vorstand:
Andreas Bergmoser
Peter Tiarks

Aufsichtsratsvorsitz:
Holger Knapp

Autoren/Autorinnen:
Chionia Gschweng, Jasmin Johner, Kevin Koch,
Maria Sax, Gabriele Sörgel (Deutsch)
Armin Busch, Kevin Koch, Werner Wirth (Mathematik)
Peter Brysch, Joachim Krick, Annika Leal Mayer,
Carina Leis (Englisch)

Lektorat: Antonia Aleker, Isolde Bacher,
Simone Grohmann, Magdalena Noack, Werner Wirth

Gestaltung: Hanne Hutt

Umschlag:
Konzeption + Gestaltung:
Hanne Hutt
Fotografie:
Anna Leippe

Ausgabe 2022/2023

ISBN: 978-3-88997-862-2

klimaneutral
Printprodukt
natureOffice.com | DE-077-178633

KEINE MACHT DEN DROGEN

Inhaltsverzeichnis

Deutsch – Lösungen

Mathematik – Lösungen

Englisch – Lösungen

A. Zuhören

1. Hörverstehen

Hörtext 1: Träume und deren (Be-)Deutung

1.	2.	3.	4.	5.
B	C	A	E	F

Hörtext 2: Die Turteltaube ist bedroht

1. ▶ ein Allerweltsvogel
   ▶ weitverbreitet
2. ▶ Glück
   ▶ Liebe
3. ▶ scheu
   ▶ auf geschützte Brutstätten angewiesen
4. ▶ finden weniger Brutstätten
   ▶ starten weniger Brutversuche
5. ▶ Verdrängung von Brut- und Nahrungsstätten
   ▶ Jagd und Wilderei durch Menschen

Hörtext 3: Vogelfreundlicher Garten

	Vorschlag	Alain	Claudine	niemand
1.	Verwendung von ungehobelten Eichenbrettern	x		
2.	Bretter zu einem Vogelhaus zusammennageln			x
3.	Lüftungslöcher in den Boden bohren		x	
4.	Leinöl statt Holzschutzmittel	x		
5.	Bitumenpappe als Witterungsschutz		x	

B1. Sprachgebrauch – Sprachbetrachtung

1. Wortarten

1. Sätze ergänzen

Verb	Weniger Wasserverbrauch **schont/spart** Ressourcen.
Nomen	Reisen erweitert den eigenen **Horizont**.
Adjektiv	Überall auf der Welt macht sich die Klimaerwärmung **bemerkbar**.
Konjunktion	Homeschooling ist nötig, **da/weil** der Präsenzunterricht pandemiebedingt nicht stattfinden kann.

2. Pluralform bilden

die Häuser
die Smartphones

3. a) Wortarten bestimmen

Am Samstag (**C**) gehe ich mit zwei (**G**) Freunden ins (**D**) Kino, wenn (**F**) der (**H**) Film, den wir sehen (**B**) wollen, bis dahin noch läuft (**B**).

b) Sätze ergänzen und Wortarten bestimmen

1. In den Sommerferien **fahre** (**B**) ich mit meinen Eltern ans Meer.
2. An meiner Schule gibt es ein **großes** (**A**) Orchester.
3. **Wenn** (**F**) es regnet, bleibe ich lieber zu Hause.

2. Verb- und Zeitformen

1. Satz im Plusquamperfekt bilden

Anfang des 20. Jahrhunderts hatte fast niemand ein Telefon besessen.

2. Verben anpassen

Im Vergleich zur Schule **ändert sich** im Berufsleben so einiges. In vielen Berufen **gibt** es z. B. auch Wochenend- oder Nachtschichten. Bevor man sich also endgültig für einen Beruf **entscheidet**, kann es hilfreich sein, vorab ein Praktikum **zu machen**.

3. Tabelle vervollständigen

Person	Infinitiv Grundform	Präteritum (1. Vergangenheit)	Perfekt (2. Vergangenheit)	Plusquamperfekt (3. Vergangenheit)
ich	fliegen	flog	bin geflogen	war geflogen
du	springen	sprangst	bist gesprungen	warst gesprungen
er/sie/es	funktionieren	funktionierte	hat funktioniert	hatte funktioniert
wir	malen	malten	haben gemalt	hatten gemalt
ihr	sich bewegen	bewegtet euch	habt euch bewegt	hattet euch bewegt
sie	lachen	lachten	haben gelacht	hatten gelacht

3. Wortschatz

1. a) Synonyme finden

1. Er spielt sehr gerne Fußball.
2. Die Klasse entscheidet sich für einen Ausflug in die Natur.
3. In Rom gibt es mehr als 1000 Gotteshäuser.
4. Flink klettert die Katze auf den Baum.
5. Er war ein sehr großer Mann.

b) Antonyme finden

1. Das Buch, das ich gerade lese, ist interessant.
2. Leila lässt sich Zeit mit dem Essen.
3. Bei Sonnenschein gefällt mir der Wald am besten.
4. Der kleine Junge springt lautlos ins Wasser.
5. Ohne mit der Wimper zu zucken, holt er den Brief aus der Tasche.

2. Verb ersetzen

Der Mann **läuft** schnell zum Bahnsteig, um den Zug nach München noch zu erreichen. Da er aber schon eine ganze Weile **rennt**, ist er ganz außer Atem und wird immer langsamer. Deshalb verpasst er seinen Anschluss und **trottet** bekümmert zurück in die Bahnhofshalle.

3. Oberbegriffe finden

a) 1. Sport, Bewegung
   2. Arbeitssicherheit, Arbeitsschutz, Sicherheit

b) 1. Schreibwaren
   2. Autozubehör
   3. Milchprodukte, Lebensmittel

4. Satzreihen, Satzglieder und Satzgefüge

1. Satzglied abschreiben und benennen

Satzglied: den Naturschützerinnen und Naturschützern
Fachbegriff: Dativ-Objekt

2. Satzglieder bestimmen

a) die Orang-Utans = Akkusativ-Objekt
b) ein Jahr lang = adverbiale Bestimmung der Zeit

3. a) Satzglieder trennen

Der Hubschrauber | bringt | die Affen | in die Freiheit.

b) Satzglieder bestimmen

der Hubschrauber = Subjekt (Nominativ)
bringt = Prädikat (Verb)
die Affen = Objekt (Akkusativ)
in die Freiheit = adverbiale Bestimmung des Ortes

5. Aktiv und Passiv

1. Sätze umformen

Aktiv	Passiv
Die Kinder führen den Hund spazieren.	*Der Hund wird von den Kindern spazieren geführt.*
Die Polizei schnappte den Täter.	Der Täter wurde von der Polizei geschnappt.
Er hatte viel auf die Prüfung gelernt.	*Auf die Prüfung war von ihm viel gelernt worden.*
Die Umzugsfirma wird morgen die Möbel abholen.	Die Möbel werden morgen von der Umzugsfirma abgeholt werden.

2. Sätze zuordnen

Aktiv	Passiv
Das Flugzeug segelte leise durch die Luft.	Ich wurde von der Sonne geblendet.
Morgen zu diesem Zeitpunkt werde ich meine Prüfung schon hinter mir haben.	Die Rechnung wurde von einem Sponsor bezahlt.

3. Aktivsätze formulieren

a) Influencer/-innen oder die Modeindustrie beeinflussen häufig aktiv Mode und Trends und lenken sie in die gewünschte Richtung.

b) Die Klassenfahrt musste von der Lehrerin verschoben werden.

6. Indirekte Rede

1. Korrekten Satz ankreuzen

☒	In einem Zeitungsartikel steht, die Olympischen Spiele seien ursprünglich ein kleiner sportlicher Wettbewerb gewesen, der im antiken Griechenland zu Ehren der Götter stattgefunden habe.

2. Satz in indirekte Rede setzen

Er sei der Meinung, dass auf dem Schulhof mehr Spielfläche zum Austoben für die jüngeren Klassenstufen vorhanden sein solle, sagt der Schulsprecher Boran.

3. Sätze zuordnen

Direkte Rede: a), d)
Indirekte Rede: b), c)

4. Text vervollständigen

Der NDR schreibt in einem Artikel, dass es durch Fortschritte in der Medizin und geeignete Hygienemaßnahmen mittlerweile **gelungen sei**, etliche Infektionskrankheiten einzudämmen. Doch wenn es heute darum **gehe**, neue Seuchen und Pandemien mit Verhaltensmaßregeln zurückzudrängen, **griffen** Experten dabei immer noch auf viele der Maßnahmen zurück, die bereits im Kampf gegen Pest und Cholera eingesetzt worden seien. Dazu sagt etwa Medizinhistoriker Karl-Heinz Leven zu Beginn der Pandemie, sie **seien**, wenn sie sich die Bekämpfungsmaßnahmen gegen Corona **anschauten**, im Frühjahr 2020 auf dem Stand der Frühen Neuzeit: Seuchenabwehr durch Abschließungsmaßnahme. Dank neuer Technologien **bleibe** die Abriegelung allerdings nicht das einzige Mittel der Wahl. Die Corona-Warn-App zum Beispiel **solle helfen**, Infektionsketten leichter nachvollziehen zu können und die Ausbreitung des Virus so zu bremsen.

7. Das oder dass

1. Richtige Schreibweise einsetzen

Smartphone, Tablet, internetfähige Fernseher, **das** ist die Welt von heute. Kaum vorstellbar, **dass das** Kabelfernsehen erst in den 80er-Jahren in Deutschland flächendeckend zur Verfügung stand. Auch **das** Hören und Speichern von Musik hat sich stark verändert und sich von Schallplatten und Kassetten über CDs bis hin zum MP3 entwickelt. **Das** MP3-Format ermöglicht es uns heute, **dass das** Speichern von Tausenden Songs auf handlichen Abspielgeräten kein Problem mehr ist.

2. Falsche Möglichkeit durchstreichen

Zu Hause angekommen, stellte Maria fest, da[~~ß~~|ss] sie ihre Schultasche im Bus vergessen hatte. Da[s|~~ss~~] war jetzt schon das zweite Mal diese Woche, da[~~ß~~|ss] ihr da[s|~~ss~~] passierte. Jetzt musste sie wieder an die Endhaltestelle fahren, dort in da[s|~~ss~~] Fundbüro gehen und hoffen, da[~~ß~~|ss] jemand die Tasche abgegeben hatte.

3. Richtige Schreibweise einkreisen und Wortart bestimmen

a) Kannst du das kleine Häuschen sehen, das **(R)** da drüben am Waldrand steht?

b) Es war keine so gute Idee, dass **(K)** Leander bei strömendem Regen ohne Jacke nach draußen gegangen ist. Das **(D)** muss er jetzt mit einer Erkältung büßen.

c) Ich habe mich gewundert, dass **(K)** meine scheinbar schlafende Mutter doch mitbekommen hat, dass **(K)** ich mich heimlich aus dem Haus schleichen wollte.

d) Etwas zu erkennen, das **(R)** im Verborgenen liegt, bedeutet manchmal mehr, als das **(A)** Offensichtliche zu sehen.

8. Wörterbucheintrag – richtiges Nachschlagen

1. Arbeit mit dem Wörterbuch

- Der Strich steht dafür, dass es in diesem Fall keinen Plural gibt.
- Das Wort wird im Fachgebiet Medizin verwendet.
- to-xi-ko-lo-gisch

2. Arbeit mit dem Wörterbuch

- Die Unterstreichung zeigt an, wo die Betonung des Wortes liegt.
- die Mienen
- Mine nur mit „i" bezeichnet einen Bergwerksstollen, in dem z. B. Gold oder Kohle abgebaut wird. Das ist also ein anderes Wort mit einer anderen Bedeutung und wird deshalb ohne „ie" geschrieben.

3. Arbeit mit dem Wörterbuch

- Das ø erklärt die Aussprache, es wird als ö gesprochen.
- Abk. steht für Abkürzung.
- In-for-ma-ti-ons-sys-tem

4. Abkürzungen ausschreiben

m. E.	meines Erachtens
lfd.	laufend
ca.	circa, zirka
Lkw, LKW	Lastkraftwagen
n. Chr.	nach Christus, nach Christo
Hbf.	Hauptbahnhof
ggf.	gegebenenfalls
vgl.	vergleiche
z. T.	zum Teil
Anm.	Anmerkung

5. Fremdwörter bilden

a)

-vention, -jekt	Sub-	**Sub**vention, **Sub**jekt
-nomen, -duktion	Pro-	**Pro**nomen, **Pro**duktion
-logie, -metrie	Geo-	**Geo**logie, **Geo**metrie
-demie, -lepsie	Epi-	**Epi**demie, **Epi**lepsie
-logie, -top	Bio-	**Bio**logie, **Bio**top

b)

Per-/per-	Per**formance**, Per**sonifikation**, per**fekt**, per**iodisch**
Mikro-/mikro-	Mikro**skop**, Mikro**fon**, mikro**biologisch**, mikro**kosmisch**
Trans-/trans-	Trans**fer**, Trans**formation**, trans**atlantisch**, trans**kontinental**
Anti-/anti-	Anti**these**, anti**bakteriell**, Anti**pathie**, anti**autoritär**
Sym-/sym-	Sym**bol**, Sym**posium**, sym**pathisch**, sym**metrisch**

B2. Sprachgebrauch – Rechtschreiben

1. Kommasetzung

1. Richtige Kommasetzung ankreuzen

☒	Die Mannschaft brauchte einen kurzen Moment, um zu begreifen, dass sie das Spiel wirklich gewonnen hatte.

2. Fehlende Kommas einsetzen

Eine ausgewogene Ernährung**,** viel Trinken und Sport**,** das sind die Maßnahmen**,** die uns gesund halten.

3. Kommasetzung korrigieren

Studien haben ergeben**,** dass im heutigen Berufsleben fundierte Englischkenntnisse sehr wichtig sind**,** weitere Sprachkenntnisse sind zudem von Vorteil.

2. Rechtschreibstrategien

1. a) Richtige Strategie ankreuzen

Sie**b**	Ich bilde den Plural.	x
	Ich muss das Wort auswendig können.	
	Ich bestimme die Wortart.	
ger**ä**t	Ich bilde die erste Vergangenheit.	
	Ich steigere das Wort.	
	Ich bilde die Grundform.	x
Wildnis	Ich bilde den Singular.	
	Ich achte auf die Endung.	x
	Ich muss das Wort auswendig können.	
Geb**äu**de	Ich suche nach verwandten Wörtern.	x
	Ich bestimme die Wortart.	
	Ich bilde den Plural.	
Ga**ss**e	Ich setze einen Artikel vor das Wort.	
	Ich bilde den Singular.	
	Ich trenne das Wort nach Silben.	x

b) Lösungsstrategien finden

Beispielwörter	Lösungsstrategie
er sie**h**t	Grundform bilden + in Silben trennen → se-**h**en
kl**ä**glich	verwandte Wörter suchen → kl**a**gen, die Kl**a**ge
beim **R**ennen	Wortart bestimmen und auf Begleiter achten bei dem **R**ennen → nominalisiertes Verb

2. Wörter finden und Schreibweise begründen

a) -tion

Operation, Situation, Funktion, Nation, Motivation
Wörter mit der Nachsilbe „-tion" sind immer Nomen.
Deshalb werden sie großgeschrieben.

b) -ieren

probieren, aktivieren, stabilisieren, programmieren, funktionieren
Wörter mit der Nachsilbe „-ieren" sind immer Verben.
Deshalb werden sie kleingeschrieben.

c) -heit
Gesundheit, Verbundenheit, Echtheit, Krankheit, Faulheit
Wörter mit der Nachsilbe „-heit" sind immer Nomen.
Deshalb werden sie großgeschrieben.

d) -ell
speziell, aktuell, formell, sensationell, intellektuell
Wörter mit der Endung „-ell" weisen auf ein Adjektiv hin.
Deshalb werden sie kleingeschrieben.

3. Lösungsstrategien ankreuzen

a) ☒ Ich verdopple den Konsonanten nach einem kurz gesprochenen Vokal.

b) ☒ Ich suche verwandte Wörter. → N**a**hrung

c) ☒ Ich achte auf die Endung. → **-ung**

d) ☒ Ich trenne das Wort. → ve**r-r**aten

e) ☒ Ich bilde die Grundform. → ber**a**ten

f) ☒ Ich bilde die Mehrzahl. → Hun**d**e

4. Schreibweise erklären

a) Viele **D**eutsche fahren ans Meer.
▶ Ich beachte den „Begleiter" (Signalwort): „viele" → Das Wort ist ein Nomen.

b) Die **g**lobale Erwärmung ist ein Problem.
▶ Ich überprüfe die Wortart. → Das Wort dient nur zur näheren Bestimmung: Es ist ein Adjektiv.

c) Ich entspanne mich beim **L**esen.
▶ Ich mache die Artikelprobe. „Beim" steht für „bei dem". → Das Wort ist ein nominalisiertes Verb.

d) Alles **G**ute zum Geburtstag.
▶ Ich mache die Artikelprobe. Ich achte auf den „Begleiter" (Signalwort):„alles" → Das Wort ist ein nominalisiertes Adjektiv.

e) Zusammen sind wir **s**tark.
▶ Ich überprüfe die Wortart. → (Adjektiv = klein)

3. Wörter mit s-Laut

1. Richtige Schreibweise wählen

a) Mein Opa ha**ss**t es, Wei**ß**brot zu e**ss**en.
b) Wir **s**enden au**s** dem Urlaub eine Po**s**tkarte mit **s**onnigen Grü**ß**en.
c) „Sü**ß**es oder **S**aures", **s**ingen die als Gei**s**ter verkleideten Kinder.
d) Der Bi**ss** einer Schlange i**s**t au**ß**erordentlich schmerzhaft.

2. Schreibweise erklären

Maus wird nicht mit „ß“ geschrieben, weil das stimmlose „s“ im Plural stimmhaft ist → Mäuse.

3. Beispiele nennen

- Wagnis → Wagnisse
- Erlebnis → Erlebnisse

4. Schreibweise mit Rechtschreibstrategie erklären

Masse → kurz gesprochener Vokal, Silbentrennung Mas-se
nass → kurz gesprochener Vokal, Steigerung des Wortes nas-ser
blass → kurz gesprochener Vokal, Steigerung des Wortes blas-ser
Schluss → kurz gesprochener Vokal
groß → lang gesprochener Vokal
Fuß → lang gesprochener Vokal
Sonne → stimmhaftes einfaches s am Wortanfang
summen → stimmhaftes einfaches s am Wortanfang
Raspel → stimmloses einfaches s in der Wortmitte

4. Trennungen

1. Wörter trennen

a) Do-nau-dampf-schiff-fahrts-ge-sell-schaft
b) Ver-kehrs-in-fra-struk-tur-fi-nan-zie-rungs-hil-fe
c) Raum-aus-nut-zung
d) he-r-aus-for-dern
e) zwi-cken
f) Bau-ern-hof-mu-se-um
g) Ver-wal-tungs-ge-richts-ge-bäu-de
h) Wüs-ten-re-gi-o-nen
i) in-stru-men-ta-li-sie-ren
j) Sach-be-ar-bei-te-rin
k) Klas-sen-durch-schnitt

5. Lückentexte

1. Lücken ergänzen und Schreibweise begründen

Medizinisch gesehen ist **N**ichtstun unerlässlich – wie das **A**tmen, **T**rinken oder **E**ssen. In der Schule werden nicht nur Leistungen abgerufen, sondern die Kinder raufen auch untereinander um Positionen auf der Belie**b**theitsskala. Wer den ganzen Vormittag in einem Zwangskorsett ste**ck**t, der braucht am Nachmittag, an den Wochenenden und in den Ferien Phasen der Erholung.

- Nichtstun → Wortart bestimmen: Nomen
- das Atmen, Trinken oder Essen → nominalisierte Verben: Artikel als Signalwort
- Beliebtheitsskala → verwandte Wörter suchen: beliebig, lieben
- steckt → die Grundform bilden: stecken

2. Richtige Buchstaben einsetzen

„Einfach nur we**g**, mit Sa**ck** und Pa**ck**!", dachte Sandy. Ihre Mutter hat eh immer nur etwas zu me**ck**ern, ihr Vater fra**g**t erst gar nicht, wie es ihr geht, und ihr großer Bruder ist viel zu sehr mit sich selbst beschäfti**g**t. „Es wird mich pra**k**tisch keiner vermissen", fuhr es ihr durch den Kopf. Ru**ck**, zu**ck** stopfte Sandy die wichti**g**sten Sachen in ihren Ru**ck**sa**ck** und stürmte die Treppe hinunter. Tür auf – Tür zu. Jetzt star**k** sein und nicht umdrehen …

3. Richtige Schreibweise einsetzen

1. Meinen Lieblingsfilm kann ich mir immer **wieder** anschauen.
2. Einen Vertrag **widerrufen**.
3. Nach Jahren feierten wir endlich das große **Wiedersehen**.
4. Der Gegner leistete erbitterten **Widerstand**.
5. Dem war nichts zu **erwidern**.
6. Die **Wiedergabe** von Musik ist einfach.
7. Er hat **wider** die Vorschrift gehandelt.
8. Das ist **wiederum** richtig.

4. Richtige Buchstaben einsetzen

1. Dieses Jahr **f**ielen nicht **v**iele Äpfel vom Baum.
2. Der Sprachurlaub in England ge**f**iel Leon sehr gut, denn er hat **v**iel Neues gelernt.
3. Zwischen den **v**ielen Menschen **f**iel mir meine Freundin erst gar nicht auf.

6. Textkorrektur

1. Richtige Groß- und Kleinschreibung wählen

In trockenen Wüstenregionen ist das Wasser oft sehr knapp, weshalb ein verantwortungsvoller Umgang damit sehr wichtig ist.

2. Richtige Groß- und Kleinschreibung wählen

Nelson Mandela musste aufgrund seiner Aktivitäten gegen die Apartheidspolitik in seiner Heimat 27 Jahre als politischer Gefangener in Haft verbringen. Er war der wichtigste Wegbereiter des versöhnlichen Übergangs von der Apartheid zu einem gleichheitsorientierten, demokratischen Staatswesen in Südafrika. 1993 erhielt er deshalb den Friedensnobelpreis. Bereits zu Lebzeiten wurde er für viele Menschen weltweit zum politischen und moralischen Vorbild.

3. Richtige Groß- und Kleinschreibung ankreuzen

☒	Aufgrund des Schmelzens des ewigen Eises wird es für Konzerne leichter, die Bodenschätze der Arktis auszubeuten.

4. Fehlerhafte Wörter finden

globales
Umwelt
flächendeckend
nachgewiesen

C. und D. Lesen und Schreiben

1. Inhaltszusammenfassung

1. Sachtext: „105. Geburtstag von Fredy Hirsch – Wer war der Mann aus dem Google Doodle?"

In dem Online-Artikel „105. Geburtstag von Fredy Hirsch – Wer war der Mann aus dem Google Doodle?", erschienen in der Südwest Presse, wird Fredy Hirsch vorgestellt, anlässlich dessen 105. Geburtstag ein Google Doodle erstellt wurde.
Am 11.02.2021 würdigt Google auf seiner Startseite mit einem animierten Doodle Fredy Hirsch, der an diesem Tag 105 Jahre alt geworden wäre. Fredy Hirsch war ein deutsch-jüdischer Athlet, Erzieher und Häftling im Konzentrationslager Auschwitz-Birkenau. Er lebte, für die damalige Zeit ungewöhnlich, seine Homosexualität offen aus. Außergewöhnlich war auch sein Engagement für Kinder und Jugendliche, z. B. in der Jugendfürsorge oder als Funktionär des jüdischen Pfadfinderbundes. Im jüdischen Ghetto Theresienstadt organisierte er Sport- und Kulturveranstaltungen, um den Kindern dort Hoffnung zu geben.

2. Gedicht: „Langschläfers Morgenlied"

Das Gedicht „Langschläfers Morgenlied" von Mascha Kaléko handelt vom täglichen Kampf eines Langschläfers / einer Langschläferin am Morgen.
In vier Strophen beschreibt das lyrische Ich seine Gefühle beim Aufstehen, was ihm jeden Morgen sehr schwerfällt. Frühaufstehen und die morgendliche Hektik sind ihm fremd. Viel lieber würde es im warmen Bett liegen bleiben, aber letztendlich steht es doch jeden Morgen erneut auf.

3. Literarischer Text: „Der Aufzug"

Der literarische Text „Der Aufzug", veröffentlicht auf der Internetseite www.die-klimaschutz-baustelle.de, handelt von einem Aufzug, der beschließt, Energie zu sparen, um den Klimawandel aufzuhalten.
Als der Aufzug, der in dem Text personifiziert wird, vom Klimawandel und seinen Auswirkungen erfährt, ist er geschockt. Obwohl er gerne Menschen befördert, beschließt er, seine Dienste einzuschränken, um Energie zu sparen. Dies endet damit, dass er von zwei Technikern auseinandergenommen wird, weil sie einen Defekt vermuten. Der Aufzug ist ratlos, weil er nicht weiß, wie er seine Arbeit ausführen und trotzdem Energie sparen kann. Am Ende erreicht ihn die gute Nachricht, dass die Stromversorgung größtenteils über eine Photovoltaikanlage geregelt wird, was die Lösung für sein Problem ist.

2. Textinhalte reflektieren

1. „Wann schafft die EU die Zeitumstellung endlich ab? Welche Zeit bleibt?"

a) Probleme bei dauerhafter Umstellung auf die Sommerzeit notieren

- drohender Schlafmangel
- mögliche Konzentrationsprobleme und Leistungsabfall
- erhöhte Unfallgefahr
- erhöhte Wahrscheinlichkeit für Schlaf- und Lernprobleme bei Schülern und Schülerinnen

b) Ziel bei der Abschaffung der Zeitumstellung angeben

Die Zeitumstellung führt bei vielen Menschen zu Problemen. Diese könnte man durch die Abschaffung vermeiden.

2. „Sie kann den Schmerz nicht vergessen"

a) Erlebnis des Mädchens erläutern

Im Alter von viereinhalb oder fünf Jahren läuft das Mädchen zu ihrer Stiefmutter, die gerade Yufka-Teig ausrollt. Plötzlich schlägt die Stiefmutter dem Mädchen unvermittelt den Holzstab gegen die Beine. Sofort steigen ihm Tränen in die Augen und vor Schmerz bleibt ihm die Luft weg. Die Mutter wirft ihm vor, von dem Joghurt gegessen zu haben, was das Mädchen abstreitet. Das Mädchen vertraut sich niemandem an. Den Schmerz, für etwas bestraft worden zu sein, was es nicht getan hat, wird es sein ganzes Leben nicht vergessen.

b) Zwei Gedanken des Mädchens formulieren

- Das ist einfach ungerecht. Ich habe nichts getan und diese Strafe nicht verdient. Ich hatte nicht mal eine Chance, zu reagieren.
- Hoffentlich erfährt Baba nichts davon. Er würde sich nur Sorgen machen und das möchte ich nicht.

3. Textartenmerkmale und sprachliche Mittel

1. „Die Haselrute"

- Fantastische Figuren in alltäglicher Situation: Christkind und Mutter Gottes („Eines Nachmittags hatte sich das Christkind in sein Wiegenbett gelegt und war eingeschlafen, da trat seine Mutter heran … und sprach ‚… Schlaf sanft, ich will derweil in den Wald gehen und eine handvoll Erdbeeren für dich holen'", Z. 1 ff.)
- Einfache Einteilung in Gut und Böse: Natter jagt Mutter Gottes („…als sie sich aber herabbückte, um eine zu brechen, sprang aus dem Gras eine Natter in die Höhe. … Die Natter schoss ihr nach …", Z. 4 ff.)

2. „Der Schattenmann"

a) Titel begründen

Der Titel „Der Schattenmann" ist für die Kurzgeschichte aus mehreren Gründen passend. Zum einen kann Herr Veith als ein Schattenmann beschrieben werden, weil er auf Jan und die anderen Bewohner/-innen mysteriös wirkt. Er ist für sie nicht richtig sichtbar. Die anderen Bewohner/-innen verstehen sein Verhalten nicht und es scheint sich auch niemand richtig um ihn zu kümmern. Erst Jan fällt auf, dass mit ihm etwas nicht stimmt. Zum anderen wird Herr Veith als verrückt bezeichnet. Somit kann mit „Schattenmann" auch der körperliche und geistige Verfall Herrn Veiths gemeint sein, in dem Sinne, dass er nur noch ein Schatten seiner selbst ist.

b) Bilderreihen-Symbolik erläutern

Die Bilderreihe beschreibt das schrittweise Verschwinden einer Person, bis nur noch der Schatten übrig ist. Dies kann symbolisch für den Verfall und das schrittweise Verschwinden des Herrn Veith stehen. So wie dieser immer älter und immer verwirrter wird, so wird auch er irgendwann sterben und nichts von ihm übrig bleiben. Auch stellt es den langsamen Verfall seiner Zurechnungsfähigkeit dar. Vermutlich ist Herr Veith traurig darüber, dass er sich nicht mehr erinnern kann, wer das Bild gemalt hat oder warum er sich in der Badewanne befindet. Früher konnte er noch schön zeichnen, aber jetzt nicht mehr. Schrittweise verschwinden also auch die Fähigkeiten des Herrn Veith, bis nichts mehr übrig ist.

c) Weitere Schattensymbolik finden

Eine weitere Schattensymbolik findet sich in Zeile 29 ff. Herr Veiths Kleidung wird als „eintönig und farblos" beschrieben. Auch ist seine Haut „blass" (Z. 31) und er kann nicht richtig sprechen. Weiterhin wird er als „geduckt [...]" (Z. 26) bezeichnet. Dies sind alles Eigenschaften eines Schattens. Ein Schatten ist ebenso farblos und eintönig. Auch die menschlichen Eigenschaften fehlen Herrn Veith, wie beispielsweise gut durchblutete Haut. Schatten sind oft verzerrt und daher kann der Ausdruck „geduckt" herrühren, Herr Veith verhält sich gewissermaßen wie ein Schatten.

4. Fremdwörter im Text

1. „Tiere der Tiefsee"

a) giftig: toxisch
b) absonderlich: bizarr
c) gleichbleibend: konstant
d) Umstand: Faktor
e) unermesslich, unendlich: immens
f) schadhaft: defekt

2. „Ein Bienenvolk für den heimischen Balkon"

a) Entwicklung, Ablauf
b) Berechnung
c) herstellen

5. Sprachbilder erläutern

1. Sprachbilder erklären

- „Alle über einen Kamm scheren": Damit ist gemeint, dass zwischen einzelnen Personen oder Dingen nicht unterschieden wird. Man bildet sich keine unterschiedliche Meinung, sondern eine für alle gültige.
- Wenn man „jemanden im Stich lässt", bedeutet das, dass man ihr/ihm nicht hilft, sondern sie/ihn in einer bestimmten Situation sich selbst überlässt.
- „Einen kühlen Kopf zu bewahren" ist immer dann angesagt, wenn eine schwierige Aufgabe bevorsteht. Wer einen kühlen Kopf bewahrt, handelt überlegt.
- „Ihr fiel ein Stein vom Herzen": Dieses Sprachbild soll ausdrücken, dass von jemandem eine schwere Last abfällt, beispielsweise nach einer bestandenen Prüfung.
- „Der Zug ist abgefahren" beschreibt eine unwiederbringliche Situation. Etwas ist nicht mehr zu ändern.
- „Er packte sie in Watte" heißt, dass jemand von allem Schlechten, Schwierigen oder eventuell Gefährlichen ferngehalten wird.

2. Begriff erklären

Der Begriff „Plastikflut“ veranschaulicht das Problem des Plastikmülls. Hiervon gibt es so große Mengen, dass man regelrecht davon überschwemmt wird.

3. Ausdruck erklären

Mit der Songzeile „YOLO … Schlachtruf einer Generation“ ist gemeint, dass dies das Lebensmotto vieler Menschen einer Altersgruppe ist.

4. Verszeile erklären

Der Vers „Der Nebel drückt die Dächer schwer“ beschreibt, dass Häuser in sehr dichtem Nebel stehen, der alles verdeckt und eine düstere Stimmung erzeugt.

6. Schaubilder/Diagramme auswerten

1. Gemeinsame Hauptaussage zusammenfassen

Das Schaubild zeigt die Entwicklung der Temperaturen in Deutschland anhand der Anzahl der heißen Tage mit einer Lufttemperatur von mehr als 30 Grad Celsius. Sowohl aus dem Schaubild als auch aus den Schlagzeilen geht hervor, dass sich die Anzahl der heißen Tage seit den 1950er-Jahren verdoppelt hat. Temperaturen über 30 Grad sind in Deutschland mittlerweile normal und nicht mehr nur Ausnahmen.

2. Wesentliche Aussagen formulieren

- Fast ein Drittel der Jugendlichen zeigt ein problematisches Verhalten in Sachen Internetnutzung.
- Mit steigendem Alter verringert sich die Suchtgefahr bei der Internetnutzung bzw. beim Computerspielen.

3 a) Diagrammart benennen

Abgebildet ist ein Säulendiagramm.

b) Wesentliche Aussage zusammenfassen

Das Diagramm bildet den Anteil der unter 15-Jährigen in der EU und in ihren einzelnen Mitgliedsstaaten ab. Irland hat mit 20,5 % den höchsten Anteil an jungen Menschen, während Italien, dicht gefolgt von Deutschland, den geringsten Teil und somit den höchsten Anteil an älteren und alten Menschen hat.

c) Schlussfolgerungen der Aussage

Der Anteil der Kinder unter 15 Jahren liegt in der EU durchschnittlich bei 15,2 %. Daraus folgt, dass Irland mit 20,5 % deutlich über dem Durchschnitt liegt, Polen fast den Durchschnitt abbildet, während Deutschland und Italien das Schlusslicht bilden.

7. Verfassen eines eigenen Textes

1. Abenteuergeschichte

Schreibplan:

Einleitung:
- Ausgangssituation: Ich-Erzähler/-in auf Forschungsschiff vor erstem Tauchgang

Hauptteil:
- Beschreibung der Bedingungen (Wetter, Wellengang, Lichtverhältnisse), Höhepunkt: U-Boot wird in Höhle gezogen

Schluss:
- Erfolgreiche Mission, geheimnisvolle Spuren, offenes Ende

Abenteuer in der Tiefe
Ich stand an der Reling des Forschungsschiffs und blickte auf das Meer. Auf diesen Moment hatte ich jahrelang hingearbeitet: ein nervenaufreibendes Biologiestudium und anstrengende Praktika hinter mich gebracht, um endlich an meinen Traumjob zu kommen. Der Tag war perfekt für meinen ersten Tauchgang, denn das Wasser war ruhig und für den Morgen war auch sonniges Wetter vorhergesagt.
Ich fragte mich, was sich unter der Wasseroberfläche alles so abspielen mochte, und vor lauter Aufregung hätte mich beinah der Mut verlassen, aber diese Blöße wollte ich mir dann doch nicht geben.
Ein letztes Mal überprüfte ich die Sicherheit des Einmann-U-Boots und stieg ein. Mit den ersten Sonnenstrahlen wurde ich ins Wasser gelassen und als das U-Boot auf die Wasserfläche traf, schaltete ich das Licht ein. Noch konnte ich etwas erkennen, aber weit würde das Sonnenlicht nicht ausreichen – jedenfalls nicht bis in die Tiefe, die ich mir anschauen wollte. Was, wenn ich eine neue Art entdecken würde? Was, wenn mir der Sauerstoff hier unten ausginge? Ach, ich war schließlich nicht der erste Mensch in einem solch kleinen U-Boot! Plötzlich bewegte sich das U-Boot zur Seite und wurde in eine Höhle gezogen. Es knirschte und quietsche laut um mich herum. Jetzt hieß es, bloß nicht die Nerven zu verlieren! Ich schaltete den Motor auf volle Stärke und das U-Boot schoss aus der Höhle heraus. Ich musste aufpassen, durfte nicht zu schnell aufzusteigen, aber ich wollte einfach nur weg. Zurück auf dem Forschungsschiff kontrollierte ich das U-Boot schließlich auf Schäden und fand ungewöhnliche, fast eckige Flecken an der Seite. Niemand wusste, welches Tier solche Spuren hinterlassen könnte. Vielleicht werde ich es bei meinem nächsten Tauchgang herausfinden und tatsächlich eine neue Art entdecken.

2. Zeitungsartikel über Sport und Bewegung

Schreibplan:
→ Sport ist wichtig, um fit und gesund zu bleiben

- Fehlhaltungen durch zu viel Sitzen, Übergewicht durch zu wenig Bewegung
- In der heutigen Zeit sitzt man sehr viel: im Bus, in der Schule, bei den Hausaufgaben, beim Essen, viele Jobs am Schreibtisch
- Körperliche Gesundheit führt auch zu mehr Leistung in der Schule
- Vorteile von verschiedenen Sportformaten: Mannschafts- und Individualsport
- Lerneffekt Mannschaftssport: Teamwork
- Lerneffekt Individualsport: Fähigkeiten

Verbesserungsvorschläge

- Persönliche Interessen sind wichtig – alle Schüler/-innen sollten die Möglichkeit haben, eine Sportart zu finden, die Spaß macht.
- Pausenangebote

Mehr Schwung im Alltag

„Wer rastet, der rostet" – so wie Maschinen nach langem Gebrauch rosten, wenn sie nicht instand gehalten werden, so kann man das auch an seinem Körper feststellen. Die meiste Zeit des Tages verbringen wir sitzend. Begonnen bei der Busfahrt, in der Schule, bei den Hausaufgaben bis hin zum Essen. Rücken- und Nackenschmerzen sind da keine Seltenheit. Auch leiden immer mehr Menschen an Übergewicht.

Voraussichtlich werden wir einen Großteil unseres Lebens im Sitzen verbringen, deshalb müssen wir unsere Körper instand halten! Auch wenn es vielleicht jetzt noch nicht so wichtig erscheint, in Zukunft können sich durch zu wenig Bewegung gesundheitliche Probleme entwickeln. Es ist wichtig, sich zu bewegen, um die Muskulatur für einen gesunden Rücken aufzubauen und somit Schäden durch zu viel Sitzen entgegenzuwirken.

Ausreichend Bewegung fehlt eindeutig jetzt schon. Dabei hat Bewegung sehr viele Vorteile. Allgemeine körperliche Gesundheit wirkt sich positiv auf die geistige Leistung aus, was ein wünschenswerter Effekt ist. Im Sport selbst können viele Qualitäten entwickelt werden. Im Mannschaftssport beispielsweise wird der Teamgeist gefördert, bei Individualsportarten kann man seine Fähigkeiten trainieren.

Am sinnvollsten ist es, viele Sportarten auszuprobieren, sodass jede/-r im Schulsport etwas finden kann, das ihm/ihr Spaß macht und mehr Freude an Bewegung bringt. Es wäre sehr schön, wenn wir in der Pause genügend Möglichkeiten hätten, uns auszutoben. Ein paar Spielgeräte, wie beispielsweise ein Ball oder ein Trampolin, wären super. Selbst zehn Minuten mehr Bewegung am Tag machen einen großen Unterschied für unsere Gesundheit. Lasst es uns also gemeinsam anpacken und mehr Schwung in unseren Alltag bringen!

3. Aufruf gegen Diskriminierung und Rassismus

Schreibplan:

Rassistische Äußerung gegenüber einer Passantin hat zum Nachdenken geführt

- Schilderung der Situation (Was ist passiert? Wie war die Reaktion?)
- Wie kann man der Person konkret in der Situation helfen? Wo gibt es da Informationen?
- Welche allgemeinen Einrichtungen/Projekte gibt es, die man unterstützen kann?
- Es ist wichtig, darüber zu reden, um ein besseres Miteinander und Toleranz zu erreichen.

Neulich hat mich ein Erlebnis stark zum Nachdenken gebracht. Ich beobachtete ein Verhalten, das absolut inakzeptabel war. Ein Passant verzog mit den Fingern seine Augen und rief „Schlitzauge", um eine Passantin aufgrund ihres Aussehens zu beleidigen. Ich war sehr wütend, als ich das hörte.

Die Situation hat mich total überrumpelt und ich wusste nicht, was ich tun sollte. Zunächst habe ich mich nicht weiter damit beschäftigt, aber es ist mir nicht aus dem Kopf gegangen. Natürlich musste ich darüber nachdenken, ob ich nicht vielleicht schon einmal unbeabsichtigt so etwas in die Richtung gesagt habe. Auch bin ich mir sicher, dass solche Äußerungen an unserer Schule vorkommen. Sei es als Witz oder auch als ernst gemeinte Beleidigung. Durch das Beispiel ist mir aufgefallen, wie häufig man Rassismus und Diskriminierung begegnet und wie allgegenwärtig diese sind.

Mir ist es daher wichtig, dieses Thema anzusprechen. Wenn jede/-r seine/ihre Erfahrungen zu dem Thema teilt und man sich austauscht, kann man voneinander lernen und ein Bewusstsein für diese Probleme schaffen. Auch ist es wichtig, zu lernen, wie man sich als Betroffene/-r oder als Außenstehende/-r in solch einer Situation am besten verhalten soll. Vielleicht gibt es Projekte, für die sich unsere Schule einsetzen kann, damit bei uns kein Rassismus mehr stattfindet. Ich bin für ein besseres Miteinander und Toleranz und fände es toll, wenn wir das als Schule gemeinsam angehen könnten.

4. Leserbrief zum Thema „Entsorgung von Altgeräten"

Schreibplan:
Struktur Leserbrief: Anrede (Sehr geehrte Damen und Herren), Einleitung (W-Fragen), begründete Meinung, Fazit, Grußformel (Mit freundlichen Grüßen)

Informationen aus den Materialien:
- Smartphones und andere elektronische Geräte enthalten sehr viel Gold.
- Es muss sehr viel Erz gefördert werden, damit eine große Menge an Gold gewonnen werden kann.
- Alte Handys und elektronische Geräte können recycelt werden, um das Gold erneut zu gewinnen.
- Eine Menge Handys in Deutschland liegen zu Hause in Schubladen, die Menge des darin enthaltenen Goldes entspricht 6 t.

Eigene Argumente:
- überraschend, wie viele alte Handys ungenutzt herumliegen
- überraschend, wie wenig über diese Thematik bekannt ist
- Wunsch, die Handys zu recyceln und so zum Umweltschutz beizutragen
- Wunsch, anderen etwas darüber mitzuteilen, die auch alte elektronische Geräte ungenutzt zu Hause haben
- Wie kann man etwas verändern bzw. seine Handys zum Recycling abgeben?

Eigener Standpunkt:
→ Umweltschutz ist wichtig und das Gold sollte recycelt werden, um den Umweltschutz zu fördern.

Sehr geehrte Damen und Herren,
die Informationen auf Ihrer Website zum Thema „Gold in alten Handys" finde ich sehr interessant. Bestimmt hat so gut wie jede/-r mittlerweile alte elektronische Geräte zu Hause rumliegen. Auch ich besitze alte Geräte und habe nie darüber nachgedacht, ob diese noch einen Nutzen haben könnten. Auf den Gedanken, diese zu recyceln, bin ich bisher nicht gekommen. Durch die vorliegenden Informationen ist mir bewusst geworden, wie wichtig es ist, diese alten Geräte zu recyceln. Die Menge an Gold, die man aus Erz gewinnen kann, ist nämlich sehr gering. Die Daten über die Goldmenge in alten elektronischen Geräten überraschen mich, denn 6 Tonnen Gold, die allein in deutschen „Schubladen-Handys" lagern, sind eine große Menge. Das Gold muss also auf jeden Fall recycelt werden!
Nach dem Lesen fühle ich mich dazu ermutigt, andere Leute in meinem Umfeld auf diese Thematik aufmerksam zu machen. Diese wissen vermutlich genauso wenig darüber wie ich und denken nicht weiter über ihre Altgeräte nach. Gleich morgen werde ich zu Hause alle elektronischen Geräte zusammensuchen.
Umweltschutz liegt mir persönlich sehr am Herzen und ich möchte mich auch selbst dafür einsetzen. Wenn jede/-r seine/ihre Altgeräte sachgerecht entsorgt, dann können mehr Menschen zum Umweltschutz beitragen und mit Rohstoffen verantwortungsvoller umgehen. Ich wäre Ihnen sehr dankbar, wenn Sie dieses Thema weiter aufgreifen, um noch mehr Menschen über ein umweltbewussteres Verhalten zu informieren.

Mit freundlichen Grüßen

5. Märchen zum Thema „Was du nicht willst, das man dir tu, das füg auch keinem andern zu"

Schreibplan:
Struktur Märchen: einleitender Satz (Es war einmal), Vorstellung der Figuren, Hauptteil, Schluss

Thema: „Was du nicht willst, das man dir tu, das füg auch keinem andern zu"
- Gegenseitige Rücksichtnahme auf unterschiedliche Bedürfnisse
- vorausschauendes Handeln, um die Bedürfnisse des andern abzuschätzen
- Einfühlungsvermögen

Figuren: Igelfamilie (2 Elternteile, 2 Kinder)

Handlung:
- Igelfamilie beobachtet Fuchs und Storch beim Essen
- Igelkinder lachen den Storch aus
- Eltern wollen den Kindern zeigen, dass man sich so nicht verhalten sollte
- lachen die Kinder aus, um ihnen zu zeigen, wie es sich anfühlt, ausgelacht zu werden
- Igelkinder zeigen sich einsichtig

Es war einmal eine Igelfamilie, die ganz in der Nähe von Fuchs und Storch wohnte. So ergab es sich, dass die Igelfamilie am Haus des Fuchses vorbeikam, als Fuchs und Storch zu Abend aßen. Das größere der beiden Igelkinder lief voraus und brach plötzlich in lautes Gelächter aus: „Schaut mal, schaut mal, der Storch kann ja gar nicht richtig essen!" Tatsächlich sah es sehr komisch aus, wie der Storch es aufgrund des unpassenden Geschirrs nicht schaffte, richtig zu essen, er es aber dennoch immer wieder versuchte. Die beiden Igelkinder kugelten sich vor Lachen. Dem Vater, der das Geschehen betrachtete, gefiel die Schadenfreude überhaupt nicht. „Ja, jetzt hört aber mal her! Findet ihr es richtig, euch über den Storch lustig zu machen? Was, wenn das euch passiert?" „Ach, das macht doch mir nichts aus!", behauptete das größere der beiden Igelkinder. Auch das kleinere der Igelkinder stimmte ein: „Es sieht einfach zu lustig aus."
Zu Hause angekommen, war es Zeit für das Abendessen. Wie gewohnt wollten die beiden Igelkinder ihre Sitzerhöhungen auf die Stühle legen, damit sie besser an den Tisch kamen. Sie waren ja schließlich kleiner als ihre Eltern. Wie durch ein Wunder waren die Sitzerhöhungen an diesem Tag unauffindbar. Sie suchten im ganzen Haus danach, fanden sie aber nicht. So mussten sie ohne ihre Sitzerhöhungen versuchen, zu essen. Sobald eines der Igelkinder ungelenk versuchte, an den Teller heranzukommen, brachen die Eltern in schallendes Gelächter aus. Die Igelkinder gaben sich viel Mühe, aber sie wurden immerzu ausgelacht. Das größere der beiden Igelkinder wurde schnell wütend und rief: „Was soll das? Hört auf zu lachen und helft mir!" „Also gut", versuchte der Vater, die Kinder zu beruhigen. Aus den Dachbalken über sich holte er die Sitzerhöhungen hervor und reichte sie hinüber: „Es ist wohl besser, zu helfen, anstatt jemanden auszulachen, richtig? Schließlich will keiner einfach ausgelacht werden." Die beiden Igelkinder nickten zustimmend. Sie nahmen sich vor, den Storch morgen zu besuchen, um ihm passendes Geschirr vorbeizubringen.

Teil A Zuhören

1. Hörtext 1: Bitte ein Tief „Sabine" und ein Hoch „Max"

Kurzantworten nennen

(1) nur Vornamen
(2) dauern länger und sind seltener
(3) 2022 sind Tiefdruckgebiete weiblich.
(4) Freie Universität Berlin

2. Hörtext 2: Hagelkörner so groß wie Golfbälle

Gliederungspunkte ergänzen

(1) Dauer und Menge am Beispiel 1984
- 20 cm hohe Hagelschicht
- 20- bis 30-minütige Dauer

(2) Schäden durch Hagel
- 70 000 Wohngebäude
- 200 000 Autos

oder:
- 20 000 Hektar Getreide
- 400 Menschen verletzt

(3) Entstehung von Hagel
- warme Luft steigt schnell auf
- Regen gefriert beim Abkühlen in höheren Schichten.

(4) Was macht Hagel so gefährlich?
- schwer vorherzusehen
- kann Menschen verletzen

3. Hörtext 3: Radiointerview zum Thema „Schnee"

Behauptungen zuordnen

(1)	(2)	(3)	(4)
F	A	D	G

Teil B Sprachgebrauch – Sprachbetrachtung

1. a) **Satzglieder voneinander trennen**

Die über mehrere Jahre oder Jahrzehnte auftretende gesamte Witterung einer Region oder Klimazone | bezeichnet | man | als Klima.

b) **Satzglieder bestimmen**

- Sonneneinstrahlung: Subjekt
- unserer Erde: Genitivobjekt

2. **Sinnvollen Satz bilden**

Um passende Wetter- und Klimavorhersagen treffen zu können, haben Bauern Bauernregeln entwickelt.

3. **Fremdwörter ersetzen**

a) ☒ wichtige
b) ☒ Verfahren

4. **Pluralform bilden**

der Sturm	die Stürme
die Wolke	die Wolken

5. **Korrekte indirekte Rede ankreuzen**

☒ Der Bauer sagt, gehest du im April bei Sonne aus, lasse nie den Regenschirm zu Haus.

Teil B Sprachgebrauch – Rechtschreiben

1. **Fehler finden und korrigieren**

- d**e**uten
- Erkl**ä**rung
- sogena**nn**ten
- hei**ß**este

2. **Richtige Schreibweise mit Rechtschreibstrategie begründen**

H**eu**tzutage ist es wichtiger denn je, auf Klimaschutz zu achten. Im Wald sterben immer mehr B**äu**me, weil sie z. B. durch lange Dürrezeiten zu wenig Wasser haben. Aber auch Wiederk**äu**er produzieren massenhaft schädliche Gase. Machen wir so weiter wie bisher, wird es uns t**eu**er zu stehen kommen.

heutzutage – verwandtes Wort suchen, z. B. „heute"
Bäume – Singular bilden: der Baum
Wiederkäuer – verwandtes Wort suchen, z. B. „kauen"
teuer – Lernwort

3. Wörter trennen

a) Hoch – druck – la – ge
b) Wet – ter – phä – no – me – ne

4. Korrekte Schreibweise einkreisen

Starke Hitze im Sommer kann krank machen. Besonders gefährdet sind Menschen mit Diabetes, Herz-Kreislauf-Erkrankungen oder chronischen Atemwegsproblemen. Es kann aber auch scheinbar gesunde/ Gesunde treffen. In die Notaufnahme kommen gerade bei hohen Temperaturen viele /Viele mit einer Herzrhythmusstörung.

Teil C Lesen

Text: Klimawandel – Definition, Ursachen und Folgen

1. Text zusammenfassen

In dem Sachtext „Klimawandel – Definition, Ursachen, Folgen" geht es um den Klimawandel und den Treibhauseffekt. Der Text beschreibt, wie es zum Klimawandel kommt und welche Folgen er für die Menschen und die Natur hat. Außerdem wird erklärt, wie man den Klimawandel stoppen bzw. verlangsamen kann.

2. Fremdwörter zuordnen

a) folgenschwer – fatal (Z. 4)
b) Folge, Auswirkung – Konsequenz (Z. 64)

3. Folgen des Klimawandels aufzählen

- Dürreperioden
- Überschwemmungen
- Aussterben von Tierarten
- Unbewohnbarkeit von Lebensräumen

4. Aussage im Textzusammenhang erläutern

Mit der Aussage ist gemeint, dass vor allem der Mensch für die Erderwärmung verantwortlich ist. Vor allem durch die Verbrennung von fossilen Energien gelangt eine große Menge an CO_2 in die Atmosphäre. Da CO_2 eines der wichtigsten Treibhausgase ist, bewirkt die Verbrennung, dass sich die Erde stetig erwärmt. Verstärkt wird dieser Effekt noch durch die Abholzung von Wäldern: Wegen fehlender Bäume erwärmt sich die Erde durch den Treibhauseffekt immer weiter.

5. Gründe dafür nennen, dass besonders Entwicklungsländer von der Klimakrise betroffen sind

- besitzen weniger Mittel
- sind von der ausbleibenden Landwirtschaft betroffen
- fehlende politische Beachtung

6. Was passiert, wenn der Klimawandel nicht aufgehalten wird

Wird der Klimawandel in den nächsten Jahren nicht aufgehalten, kann und wird dies zu existenziellen Problemen und Bedrohungen des gesamten Lebens auf der Erde führen.

7. Begriff „natürlicher Treibhauseffekt“ erklären

Sonnenstrahlen treffen auf die Erde und werden von natürlichen Gasen und Wolken absorbiert. Anschließend werden sie zum Teil auf den Planeten zurückgestrahlt und halten ihn so warm.

8. Vier Aussagen aus den Materialien ableiten

- Frauen fürchten sich mehr vor dem Klimawandel als Männer.
- Vor Naturkatastrophen fürchten sich mehr Frauen als Männer.
- Weniger als die Hälfte der Deutschen fürchtet sich vor dem Klimawandel oder Naturkatastrophen.
- Vor der Industrialisierung gab es weniger Einflussfaktoren für den Treibhauseffekt.
- Seit der Industrialisierung ist mehr CO_2 in der Atmosphäre.

Teil D Schreiben

Aufgabengruppe I

1. Rede über Klimawandel verfassen

Schreibplan:

Einleitung:
- momentane besondere Situation
- Klärung der Kernbegriffe

Hauptteil:
- negative Auswirkungen des Klimawandels
- Ursachen des Klimawandels

Schluss:
- Aufzeigen von Lösungsmöglichkeiten
- Appell

Liebe Mitschülerinnen und Mitschüler,

wie ihr alle wisst, ist der Klimawandel und die daraus hervorgehende Erderwärmung ein riesiges Problem für uns und zukünftige Generationen.
Zuerst möchte ich euch noch einmal kurz erläutern, was man unter dem „Klimawandel“ versteht und welche Auswirkungen dieser auf unser tägliches Leben sowie unsere Zukunft hat. Schließlich möchte ich auf verschiedene Möglichkeiten eingehen, wie wir uns alle konkret am Klimaschutz beteiligen können.
Klimawandel bedeutet für uns entweder die Abkühlung oder Erwärmung des Klimas auf der Erde über einen längeren Zeitraum. In den letzten Jahrzehnten ist das Klima immer heißer geworden, während es gleichzeitig weniger Niederschlag gibt. Dies ist nicht nur ein persönliches Empfinden, sondern wurde auch von der Wissenschaft belegt.

Die globale Erderwärmung ist eine Folge dieses Klimawandels, die der Mensch verursacht hat und durch sein Handeln weiter verschlimmert.
Als Ursache für diese Art des Klimawandels ist der Treibhauseffekt anzusehen: Sonnenstrahlen treffen auf die Erde und werden von natürlichen Gasen und Wolken aufgenommen und zu einem Teil wieder zurückgestrahlt. Eines dieser Gase ist das CO_2. Leider stieg die Konzentration von CO_2 in den letzten Jahrzehnten, sodass sich die Erde immer mehr erwärmte. Grund für den Anstieg des CO_2 ist vor allem die Industrialisierung und die Verbrennung von fossilen Brennstoffen. Eine weitere Ursache ist z. B. die Rodung von Wäldern.
Wie ihr seht, sind die Probleme durch den Menschen verursacht. Genau hier möchte ich nun ansetzen und an euch appellieren, das Klima zu schützen und die Welt für unsere Nachkommen zu bewahren. Jede/-r kann einen Teil dazu beitragen. Anfangen kann man beispielsweise bei der Ernährung: Durch die Reduzierung von tierischen Produkten können Ressourcen geschont werden. Außerdem kann man darauf achten, verstärkt regionale und saisonale Produkte zu kaufen. Ein Besuch auf dem Markt bietet die Möglichkeit, Obst und Gemüse ohne Verpackung zu kaufen, was ebenfalls der Umwelt zugutekommt. Generell sollten wir auch weniger Lebensmittel verschwenden und bewusster konsumieren.
Ihr seht also, dass wir alle etwas in unserem Alltag ändern können, um einen kleinen Beitrag zu leisten. Denn nur zusammen sind wir stark!

2. Meinung über „Fridays for Future" begründen

Seit einiger Zeit gehen immer mehr Schüler/-innen jeden Freitag auf die Straße und kämpfen in der Bewegung „Fridays for Future" für den Klimaschutz.
Ich finde, dass dies eine sehr gute und nachhaltige Bewegung ist, weil sie sich für unsere Zukunft und das Leben unserer Nachkommen einsetzt. Wir können auf unserem Planeten nur sicher und glücklich leben, wenn es das Klima zulässt und wir z. B. nicht immer wieder von Naturkatastrophen heimgesucht werden, die von der Erderwärmung verursacht werden.

3. Tagebucheintrag über die Ereignisse im Sommer 2040 verfassen

Freitag, 27.7.2040

Liebes Tagebuch,

heute war der letzte Schultag vor den Sommerferien. Mein Gott, wie wir die Ferien brauchen! Es ist so heiß, dass es eigentlich eine Zumutung war, in die Schule zu gehen. Wie war das wohl früher? Leider gibt es kein Hitzefrei mehr und wir müssen trotzdem bei 35 Grad im Schatten bis 16 Uhr in der Schule bleiben. Gut, dass heute wenigstens die Schule bereits um 10 Uhr aus war.
Also gingen Paula, Mathieu, Laszlo und ich an unseren Lieblingsweiher. Es war der Wahnsinn. Ungefähr 1000 Menschen hatten die gleiche Idee wie wir. Nur gut, dass wir mit unserem Chip eine kleine Parzelle reserviert hatten. Der freundliche Security-Roboter brachte uns zu dem kleinen, überdachten Platz. Eine Drohne servierte uns später leckere Drinks und die Insektenburger, auf die wir uns schon so lange gefreut hatten.
Anschließend sprangen wir ins Wasser. Natürlich war das Wasser auch hier nur 80 cm tief, weil ja Wasserknappheit herrscht und deshalb niemand mehr richtig schwimmen kann. Mein Opa hat mir erzählt, dass er noch Schwimmunterricht in der Schule hatte und sie in einem Fluss ohne Aufsicht geschwommen sind. Das war sicher krass.
Am Ende des Tages fuhren wir mit unseren selbstfahrenden Rollern zu Paula und spielten mit ihrem neuen Cyberhund. Den hat sie gestern bekommen. Paula hofft nur, dass dieses Mal die Batterie länger hält als beim letzten Hund. Nach vier Monaten musste sie ihn schon auf den Recyclinghof bringen. Das brach ihr das Herz!

Aufgabengruppe II

1. Erzähltext über „Generation Mars“

Schreibplan:

Einleitung:
- Hinführung zum Thema
- Beschreibung der Ausgangssituation

Hauptteil:
- Veränderung der Lebensumstände
- Veränderung der Schulsituation
- Veränderung beim Essen

Schluss:
- Zukunftshoffnungen

Lila auf dem Mars

Lila und ihre Familie gehören nun zur „Generation Mars". Leider war es nicht mehr möglich, auf der Erde weiterzuleben, denn durch die Erderwärmung ist ihr Heimatort den andauernden Waldbränden und dem extremen Wassermangel zum Opfer gefallen. Also hatte die Familie beschlossen, ein neues Leben auf dem Mars zu beginnen. Doch wie sehr sich hier alles ändern würde, das hätten sie nie gedacht.

Eine sehr große Umstellung auf dem neuen Planeten ist die ständige Dunkelheit. Hier auf dem Mars gibt es kein echtes Sonnenlicht. Jede Familie hat einen Gutschein für zwei Stunden künstliches Sonnenlicht am Tag. Auf das freuen sich Lila und ihre Familie am meisten. Dann sitzen alle zusammen am Tisch und erzählen sich lustige Geschichten, die sie auf der Erde erlebt haben. Das ist Lilas Lieblingszeit.

Komplett anders ist auch die Schule: Die Kinder müssen nur einmal in der Woche in die Schule. Dort bekommen sie verschiedene Informationen in ihren Lernchip eingescannt, den sie unter der Haut tragen. Anschließend müssen sich die Kinder drei Stunden in ihr Klassenzimmer legen, sodass die Informationen vom Chip auf dem schnellsten Weg ins Gehirn gelangen und dort verarbeitet werden. Die Verarbeitung der Informationen ist sehr anstrengend und Lila bekommt davon meistens Kopfschmerzen. Aber nach drei Tagen kann sie das neue Wissen einsetzen und ist bereit für neue Informationen. Gewöhnungsbedürftig ist für die Familie auch, dass es nichts Frisches zu essen gibt. Die ganze „Generation Mars" bekommt das gleiche Essen von einem Lieferroboter zugestellt. Zwar ist das Essen lecker und günstig, aber es stammt aus dem Labor und die Lieferungen wiederholen sich alle zwei Wochen. Lila freut sich immer schon auf den Donnerstag. An diesem Tag gibt es Protein-Schnitzel mit Pommes aus der Fritteuse.

Lila vermisst das bunte Leben auf der Erde und hofft, dass sie eines Tages zurückkehren kann, doch bis dahin wird es noch viele Jahrzehnte dauern.

2. Beispiele für den Klimaschutz erläutern

Klimaschutz ist in aller Munde und geht wirklich jeden Menschen an. Viele sagen, dass sie mit ihrem Handeln nichts bewegen können. Aber das stimmt nicht. Jede/-r von uns kann etwas tun, um das Klima zu schützen, was im Folgenden dargelegt wird.

Zum einen kann jeder Mensch und jeder Haushalt auf Ökostrom umsteigen und so seinen Teil dazu beitragen, das Klima zu schützen. Ökostrom wird umweltschonend gewonnen und

wirkt sich positiv auf die CO_2-Konzentration in der Atmosphäre aus. Ein weiterer Punkt ist das Vermeiden von Plastik. Wenn jeder Mensch in seinem Leben Plastik reduziert, wirkt sich das positiv auf die Umweltverschmutzung, den Ressourcenverbrauch und somit auch auf das Klima aus.
Diese kleinen Änderungen in unserem Leben können bereits große Auswirkungen auf die Umwelt und unsere Zukunft haben, sodass man dies in sein tägliches Leben einbeziehen soll und muss.

3. Einleitungstext zum Thema „Teilen statt besitzen“ verfassen

„Einmal gekauft, einmal benutzt und dann sofort weggelegt.“ So oder so ähnlich beschreiben wohl viele Schüler/-innen ihr Verhalten, nachdem sie sich etwas gekauft haben, aber es in Wirklichkeit oft gar nicht benötigen.
Aber was nun? Was kann man mit den Dingen machen? Eine Antwort hierzu kann unser neues Online-Projekt „Share with your neighbours – teilen statt besitzen“ liefern.
Ich selbst bin mittlerweile auch ein Teil dieses Projekts und teile verschiedene Sachen, wie z. B. meinen neuen Rucksack. Diesen Rucksack habe ich für den letzten Wanderurlaub mit meiner Familie im Internet bestellt. In diesem Urlaub war er sehr nützlich für mich, aber seit ich wieder zu Hause bin, habe ich für diesen Rucksack eben keine Verwendung mehr. Und damit er nicht in meinem Schrank verrottet, leihe ich ihn gerne meinen Freunden und Freundinnen, die eine große Freude damit haben.
Diese Art der „Mehrfachverwendung“ spart Ressourcen, Geld und Platz und hat einen Mehrwert für unsere Umwelt.
Auf diese positiven Aspekte des Projekts möchte ich weiter im Folgenden eingehen.
...

Teil A Zuhören

1. Hörtext 1: Leben in der Patchworkfamilie

Kurzantworten nennen

(1) ▶ Ella
(2) ▶ dem Vater und Ella
(3) ▶ viel miteinander sprechen und klare Grenzen setzen
(4) ▶ ja

2. Hörtext 2: Gespräch über das „Zusammenleben verschiedener Kulturen"

Richtige Antworten ankreuzen

Aussage	Amira	Valentin	keiner
(1) Die Großeltern sind Russlanddeutsche.		x	
(2) Die Familie lebt in einem kulturellen Mix.	x		
(3) Der Rest der Familie lebt im Iran.			x
(4) Sie/Er möchte zu ihren/seinen Wurzeln reisen.		x	

3. Hörtext 3: Radiointerview zum Thema „Regenbogenfamilie"

Tabelle vervollständigen

Anlass und Gründe	Ablauf und Ziel
Familiensituation mit zwei Vätern	Kinder sind offen gegenüber Neuem
negative Erfahrungen aufgrund gleichgeschlechtlicher Elternrolle	*offen ins Gespräch gehen*
Aufgabe als Eltern	*Vermittlung von Toleranz und Verständnis für Mitmenschen*

Teil B Sprachgebrauch – Sprachbetrachtung

1. Sätze ergänzen

Verb	Die Neuzusammenstellung aus zwei Familien zu einer **nennt** man Patchworkfamilie.
Nomen	Eine Familie mit gleichgeschlechtlichem Elternpaar heißt **Regenbogenfamilie**.
Zahlwort (Numerale)	Eine interkulturelle Ehe besteht aus **zwei** Menschen verschiedener Konfessionen, Religionszugehörigkeiten oder Nationalitäten.
Adjektiv	Das Zusammenleben **verschiedener** Kulturen bereichert unseren Alltag.

2. Satz bilden

Klassische Familienmodelle sind durch moderne Varianten erweitert worden.

3. Sätze ergänzen

Der Großteil der Kinder in Deutschland wächst bei **den leiblichen** Eltern auf, die von mehr als der Hälfte auch als Erziehungsvorbilder **angesehen** werden.

4. Richtige Wortwahl ergänzen und ankreuzen

		Demonstrativpronomen **das**	Relativpronomen **das**	Artikel **das**	Konjunktion **dass**
a)	Toleranz bedeutet, **dass** man offen mit seinen Mitmenschen und deren Lebensform, Nationalität oder Religion umgeht.				x
b)	Wie das Zusammenleben mit anderen gestaltet wird, **das** sollte jede/-r selbst entscheiden dürfen.	x			

5. Satzglieder bestimmen

a) der Familienbegriff: Subjekt
b) von jeder/jedem: Dativobjekt

Teil B Sprachgebrauch – Rechtschreiben

1. Satz in korrekter Rechtschreibung aufschreiben

Kulturelle Vielfalt bereichert unseren Alltag, denn man kann viel voneinander lernen.

2. Korrekte Rechtschreibung und Zeichensetzung ankreuzen

☒ Toleranz, Akzeptanz und gegenseitige Wertschätzung sind wichtige Bausteine menschlichen Zusammenlebens.

3. Richtige Schreibweise einkreisen und mit Rechtschreibregel begründen

Das Zusammenleben mit anderen ist nicht immer leicht – egal, ob mit leiblicher oder *a) Wa**hl**familie*. Aber Konflikte sind durchaus hilfreich, um wieder einen neuen Blick auf die Dinge zu bekommen. Das *b) **W**ichtigste* ist gegenseitiger Respekt und Toleranz, auch wenn es nicht immer die eigene Meinung ist, die sich am Ende durchsetzt.

a) Begründung: Ableitung von Wahl/wählen

b) Begründung: Substantivierung

4. **Richtige Schreibweise eintragen und mit Rechtschreibregel begründen**

	Hilfreiche Rechtschreibstrategie
b**ie**tet	Grundform beachten
Spezialit**ä**ten	Endung im Plural beachten

Teil C Lesen

Text: Scherben

1. a) **Merkmale einer Kurzgeschichte nennen und belegen**
   - Unmittelbarer Beginn: Zeile 1
   - Offenes Ende: Zeile 97 ff.
   - Ich-Erzähler: Zeile 1

   b) **Aussage begründen**

   Der Titel passt mehrfach, weil der Spiegel in Scherben zerspringt, aber auch das Vertrauen der Protagonisten und deren Zuneigung zueinander.

2. **Wirkung der Metapher erläutern**

   Durch die Metapher wird deutlich, dass der Junge neu anfangen möchte und die Spuren seiner Vergangenheit am liebsten ablegen will.

3. **Mögliche Gedanken des Pfarrers aufschreiben**
   - Warum ist der Junge so gemein zu mir? Ich wollte ihm doch nur helfen! Hasst er mich wirklich so sehr?
   - Der Junge meint das nicht so böse. Er hat nur Probleme, sich zu öffnen. Im Grunde ist er ein nettes Kind.

4. **Aggressivität des Jungen erläutern**

   Der Junge wurde in der Vergangenheit körperlich misshandelt. Aus diesem Grund kam er in eine Pflegefamilie. Die körperliche Gewalt hat auch seelische Schäden bei dem Jungen hinterlassen. Er hat große Probleme, sich auf Menschen einzulassen und ihnen zu vertrauen. Er hat wahrscheinlich Angst, erneut verletzt und enttäuscht zu werden, sodass er eine Mauer um sich aufbaut, um sich selbst zu schützen.

5. **Geschichte des Jungen aus Sicht der Pfarrerstochter zusammenfassen**

   Der Junge, der bei uns in das Zimmer meines Bruders gezogen ist, verhält sich fürchterlich. In seiner eigenen Familie wurde er wohl geschlagen, wahrscheinlich ist er deshalb immer so gemein zu uns. Ich glaube zwar, dass er das nicht wirklich böse meint, aber meine Familie und mich verletzt das sehr. Gestern zertrümmerte er z. B. den Spiegel im Badezimmer und verhöhnte meinen Vater und meinen toten Bruder.

6. a) Unterschiede in den Lebensformen der Jahre 1999 – 2019

Zwischen 1999 und 2019 stieg die Zahl von Alleinstehenden von 37,8 Millionen auf 44,4 Millionen. Dagegen sank im gleichen Zeitraum die Zahl von Ehepaaren mit Kindern von 26 Millionen auf 18,8 Millionen.

b) Weitere Lebensformen nennen

- Regenbogenfamilie
- Patchworkfamilie
- Adoptivfamilie

7. Prozentsätze zuordnen und Auswahl begründen

Diagramm 1: Verhältnis zu den Eltern: Da das Verhältnis vom Jungen zu den Eltern schlecht sein dürfte → 9 %

Diagramm 2: Eltern bleiben Erziehungsvorbilder: Die Eltern dürften für den Jungen keine Erziehungsvorbilder sein → 23 %

Teil D Schreiben

Aufgabengruppe I

1. Kurzgeschichte zum Thema „interkulturelles Zusammenleben" verfassen

Schreibplan:

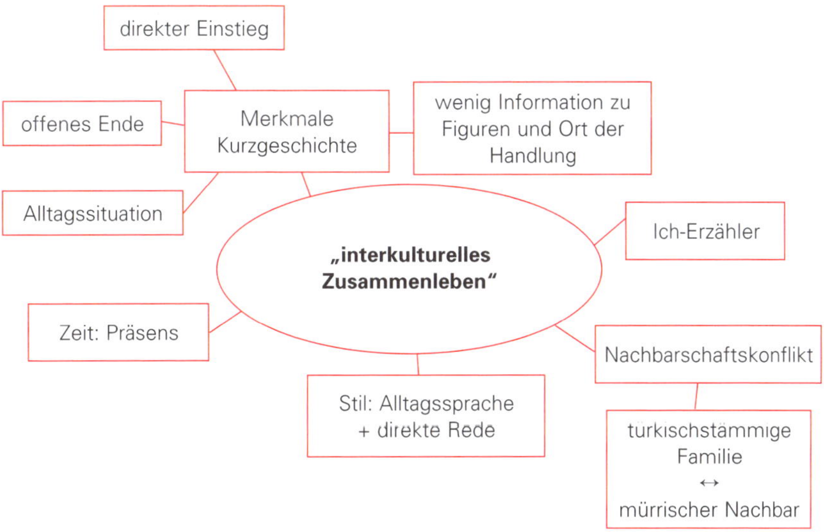

Auf gute Nachbarschaft
„Ding dong". „Ding dong, ding dong, ding dong". Die Türklingel schellt immer energischer. Sicher ist es meine Tante, die mit uns Bayram feiern will. Ich gehe zur Tür und da steht er: Er, der sich beschwert, wenn meine Mutter die leckersten Dinge kocht. Er, der uns nie mit mehr als einem Wort grüßt. Er, den ich noch nie lächeln gesehen habe. Unser Nachbar von nebenan. „Geht das auch ein bisschen leiser? Sonst rufe ich die Polizei!" Meine Mutter begegnet seiner finsteren Miene mit einem Lächeln, dreht sofort die Musik leiser und bittet ihn auf einen Çay zu uns herein. Er dreht sich wortlos um und knallt die Tür hinter sich zu. Ich bin sauer, denn die Stimmung ist nun im Eimer. Ich kann nicht verstehen, was er gegen uns hat, warum er nicht mal freundlich sein kann. Meine Mutter meint, er tue ihr leid, ich solle ihm einen Teller mit Baklava vorbeibringen. Widerwillig klopfe ich an die Tür. Als niemand öffnet, stelle ich den Teller auf den Absatz und schreibe eine Notiz dazu: „Entschuldigung für die Störung, lassen Sie es sich schmecken ☺." Als ich am nächsten Morgen vor die Tür trete, klebt der Zettel noch immer da. Die Baklava sind verschwunden.

2. Leserbrief zum Thema „Patchworkkinder" verfassen

Sehr geehrte Damen und Herren,

in einem Artikel Ihrer Zeitung bin ich auf folgende Aussage gestoßen: „Patchworkkinder sind offener gegenüber Andersartigkeiten und unterschiedlichen Familienmodellen". Dazu möchte ich Stellung beziehen.
Da ich selber in einer Patchworkfamilie groß geworden bin, kann ich diese Meinung nur unterstreichen und bekräftigen. Durch das Leben in solch einer Familie lernt man, unterschiedliche Meinungen zu akzeptieren und zuzulassen. Bei uns war es so, dass wir Kinder eine unterschiedliche Erziehung genossen hatten und somit ganz verschieden mit Regeln umgingen. Doch das Suchen nach Kompromissen und das Eingehen auf den anderen hat es uns ermöglicht, ein schönes und harmonisches Familienleben zu führen.
Auch haben wir durch das bunte Miteinander gelernt, auf andere Menschen einzugehen und andere Familienmodelle zu akzeptieren. Unsere Nachbarn im neuen Haus sind eine Regenbogenfamilie mit zwei Vätern. Zuerst war das ein wenig komisch für uns, doch durch die Akzeptanz und das Erlernen von Toleranz in meiner eigenen Familie war es für mich später selbstverständlich, die Regenbogenfamilie als normale und liebende Eltern zu erkennen.
Somit möchte ich noch einmal herausstellen, dass die obige Aussage nur zu bekräftigen ist.

Mit freundlichen Grüßen
Ein Leser

3. Artikel für die Schülerzeitung zum Thema „Zusammenleben mit anderen"

Religiöser Austausch kann helfen
Viele Leser/-innen werden sich denken: „Religiöser Austausch, was soll das sein?" Aus der letzten Shell-Jugendstudie geht hervor, dass für fast die Hälfte der Jugendlichen Religion und der Glaube an Gott nicht wichtig ist. In diesem Beitrag möchte ich meine persönliche Erfahrung mit religiösem Austausch schildern.
Als letztes Jahr mein Vater starb, war ich in einer tiefen Krise. Ich wusste nicht mehr, was zu tun war und wie ich mich aus diesem tiefen Tal herausholen konnte. Eine große Hilfe für mich war der religiöse Austausch in meiner Kirchengruppe. Hier waren viele Menschen, die sich

in ähnlichen Situationen wie meiner befunden haben. Gespräche mit diesen Menschen über Gott und die Ewigkeit des Lebens gaben mir viel Kraft. So war ich in der Lage, wieder positiv in die Zukunft zu blicken und die Trauer zu verarbeiten.

Für viele Menschen kann also Glaube und religiöser Austausch eine große Stütze sein. Für alle, die ebenfalls Hilfe suchen oder an einem Austausch interessiert sind, sind im Anschluss Kontaktstellen in der Nähe aufgeführt.

Aufgabengruppe II

1. Stellungnahme verfassen

Schreibplan:

A: Einleitung: Bezugnahme auf das Zitat

B: Hauptteil:

- a) Familienleben
- b) Sport
- c) Schule

C: Zusammenfassung: Rückbezug auf das Zitat

„Leben ist das, was du daraus machst." Das ist nicht nur ein bekanntes Zitat, sondern auch eine Lebenseinstellung von vielen jungen Menschen. Doch ist das wirklich so? Mit dieser Frage setze ich mich im Folgenden auseinander.

Generell möchte ich anmerken, dass das Zitat für mich eine große Bedeutung und einen enormen Einfluss auf meinen Alltag hat, worauf ich genauer eingehen möchte.

Der erste Punkt betrifft das Leben in der Familie. Jedes Familienleben ist bisweilen anstrengend und fordernd. Doch gibt es hier natürlich auch gute Zeiten. Wichtig ist, dass diese überwiegen und man Kraft aus der Familie ziehen kann. Eine Möglichkeit hierfür ist ein Tagebuch, in das man die schönen Momente hineinschreibt und somit sein Leben positiv steuert.

Darüber hinaus kann der Sport angeführt werden. Wie auch in der Familie gibt es positive und negative Aspekte. Aber gerade aus den Erfolgen muss man auch hier Kraft ziehen und sich weiter motivieren. Doch nicht nur aus Erfolgen kann man lernen, sondern auch aus Niederlagen. Ich nehme jede Niederlage als zusätzliche Erfahrung und Motivationsquelle, sodass ich meine Ziele Stück für Stück erreiche.

Schließlich möchte ich noch den Punkt „Schule" anführen. Auch hier gilt der Grundsatz „Leben ist das, was du daraus machst". Natürlich ist es so, dass viele Kinder und Jugendliche nicht gerne in die Schule gehen und nur widerwillig lernen. Doch wenn man das Ganze als große Chance ansieht, für das Leben und die Zukunft zu lernen, erhält man eine große Portion Motivation und Freude, die das Lernen und das Leben einfacher macht. Seit ich mit dieser Einstellung in die Schule gehe, sind meine Leistungen besser und auch das Lernen macht mir mehr Spaß.

Nachdem ich nun diese Argumente angeführt habe, bin ich sicher, dass das obige Zitat auch als Grundlage für das Verhalten von anderen Menschen angesehen werden kann.

2. Beitrag über die vielfältigen Formen des Zusammenlebens schreiben

Familie ist bunt

Früher zählte als Haushalt das „klassische Familienmodell" aus „Vater, Mutter und Kind". Doch in den letzten 20 Jahren haben sich die Formen des Zusammenlebens immer mehr verändert. Das Zusammenleben ist bunter geworden.

Generell ist zu sagen, dass es immer weniger „klassische" Familien mit Kindern gibt. Stattdessen stieg und steigt die Zahl von Alleinstehenden und Ehepaaren ohne Kinder immer stärker an. Ein wichtiger Grund hierfür ist die Tatsache, dass sich die Interessen von jungen Menschen verschieben, weil sie immer mehr Möglichkeiten für die persönliche Entfaltung haben. Die Gesellschaft ist offener, sodass sich mehr Menschen gegen Partnerschaft oder Kinder entscheiden.

So stieg in den letzten Jahren auch die Anzahl von Scheidungen. Viele Menschen suchen sich eine neue Partnerschaft, sodass etwa neue Patchworkfamilien entstehen. Der klassische Familienbegriff wird durch neue Formen des Zusammenlebens erweitert. Dazu gehören beispielsweise Regenbogenfamilien, Wohngemeinschaften, Adoptivfamilien und viele mehr. Jede Form ist etwas Besonderes. Familie ist so bunt wie das Leben selbst und befindet sich im Wandel.

3. Fortsetzung der Geschichte schreiben

Dem Pfarrer standen Tränen im Gesicht. Er wusste nicht, wie er reagieren soll. Sollte er den Jungen wieder vor die Türe setzen und seine Trauer über den Verlust des Sohnes alleine schultern? Dem Pfarrer schossen alle möglichen Gedanken durch den Kopf. Aber er hörte auf sein Bauchgefühl und hob die Scherben auf. Anschließend legte er die Handtücher vorsichtig auf den Boden, um dem aggressiven Jugendlichen eine Brücke zu bauen. Der Pfarrer streckte die Hand aus und führte den Jungen aus dem Bad hinein in das Wohnzimmer, das warm und gemütlich aussah. Der Junge schaute dem Pfarrer ins Gesicht, grinste und nickte. Auch der Pfarrer nickte. Zusammen sahen sie aus dem Fenster und tranken dabei eine Tasse Tee. Von diesem Tag an tranken sie jeden Tag eine Tasse Tee vor dem Fenster, bis zu dem Zeitpunkt, als der Junge auszog, um sein eigenes Leben zu führen.

Heute trinken sie nur noch einmal in der Woche Tee, und zwar dann, wenn der Pfarrer seinen Enkel besucht, der den gleichen Namen trägt wie sein verstorbener Sohn.

Teil A Zuhören

1. Hörtext 1: Erfahrungen im Betriebspraktikum

Notizen ergänzen

(2) Fähigkeiten
(3) Entwicklungsgespräch
(4) Einzelhandelskaufmann
(5) Weiterbildung / Fortbildung
(8) Lieferservice
(1) Friseur
(6) Stylingberatung
(7) lebenslanges Lernen / Leidenschaft / Sauberkeit

2. Hörtext 2: Wie ich zu meinem Buch kam

Kurzantworten nennen

(1) fünf Minuten Gesprächszeit und zehn Euro
(2) drei
(3) berühmter Künstler malt kleine Schätze / bekanntester Pop-Art-Künstler inkognito in Berlin / spendet Einnahmen an Berliner Vereine / Werke gehören zu den teuersten
(4) mit materiellem Wert

3. Hörtext 3: Interview für die Schülerzeitung

Mindmap vervollständigen

Melina D. Genter: „Augenhöhe, Herzenstiefe"

→ Inhalt des Buches:
(1) *Wohlbefinden und Zufriedenheit erreichen*
- Wertschätzung, Respekt und Achtsamkeit

→ Inspiration für das Buches:
- Interesse an philosophischen Themen

(2) *Nelson Mandela*
- Fähigkeit zu vergeben, dankbar zu sein und das Gute im Menschen zu sehen

→ Bedeutung des Titels:
- Mitmenschen auf Augenhöhe begegnen

(3) *mit ganzem Herzen dabei sein*

→ Schritte zu einem wertschätzenden Verhalten:
- Selbstakzeptanz, gesundes Selbstwertgefühl

(4) *Bedürfnisse anderer ernst nehmen*
- wertschätzend kommunizieren
- Gegenüber als wertvollen Menschen anerkennen
- Respekt vor anderen Kulturen und Meinungen
- ernstgemeinte Hilfe
- Dankbarkeit

Teil B Sprachgebrauch – Sprachbetrachtung

1. a) Satz umstellen

Den Kunden schenkt die Verkäuferin stets ihre volle Aufmerksamkeit.

b) Lokaladverbiale ankreuzen

☒ Die Verkäuferin schenkt den Kunden in der Bäckerei stets ihre volle Aufmerksamkeit.

2. Passende Synonyme ankreuzen

a) ☒ wesentliche

b) ☒ Leitlinie

3. Sätze vervollständigen

Sowohl im privaten als auch im **beruflichen** Bereich kann man seinen Mitmenschen Wertschätzung entgegenbringen.
Schon einige freundliche **Worte** können beim Gegenüber ein positives Gefühl vermitteln.

4. Tabelle ergänzen

Langform des Wortes	Kurzform (Reduktion)
Auszubildender	Azubi
Automobil	*Auto*

5. Satz in die direkte Rede setzen

Der Taxifahrer meint: „Ein gutes Trinkgeld ist eine wichtige Anerkennung meiner Arbeit."
oder
„Ein gutes Trinkgeld ist eine wichtige Anerkennung meiner Arbeit", meint der Taxifahrer.
oder
„Ein gutes Trinkgeld", meint der Taxifahrer, „ist eine wichtige Anerkennung meiner Arbeit."

Teil B Sprachgebrauch – Rechtschreiben

1. Fehlerhafte Wörter korrigieren

- **G**anzes
- beeinflu**ss**en

2. Satz in richtiger Schreibweise aufschreiben

Aufeinander zu achten und anerkennend miteinander umzugehen(,) erleichtert das menschliche Zusammenleben.

3. Lücken ergänzen und hilfreiche Rechtschreibstrategie ankreuzen

Wertschätzung ist mehr als ein Lo**b** an eine Mitarbeiterin oder einen Mitarbeiter.

Hilfreiche Rechtschreibstrategie:

☒ Ich verlängere das Wort.

Unternehmen, die ihrem Team ein hohes Ma**ß** an Wertschätzung entgegenbringen, profitieren selbst davon.

Hilfreiche Rechtschreibstrategie:

☒ Ich achte auf den langgesprochenen Vokal.

4. Richtige Schreibweise einkreisen und mit Rechtschreibregel begründen

Durch Wertschätzung kannst du Menschen in deiner Umgebung aufzeigen, wie bedeutsam *a)* **sie** sind. Das ist insbesondere dann wichtig, wenn sie selbst den Blick dafür verloren haben. Durch deine Wertschätzung schenkst du deinem *b)* **Gegenüber** einen Schatz, der sich für immer in der Seele abspeichert.

a) Begründung: *sie* ist hier ein Pronomen und wird kleingeschrieben.
b) Begründung: *Gegenüber* ist hier eine Nominalisierung und wird großgeschrieben (Artikelprobe: das Gegenüber).

Teil C Lesen

Text: Ehre die Menschen, die dir dienen

1. Erläutern, wer wem dient

In der Geschichte dient die Kellnerin dem Jungen und anderen Gästen, weil sie Essen und Getränke an die Tische im Biergarten bringt.

2. Äußerung der Kellnerin erklären

Die Kellnerin dachte, dass es ein Scherz sei, weil der Junge nur einzelne Münzen hat, die er in aller Ruhe abzählt. Normalerweise machen Gäste das nicht. Außerdem befürchtet sie, dass sie kein Trinkgeld bekommt.

3. Aufzeigen, dass sich der Junge wohlfühlt

- leuchtende Augen
- strahlendes Lächeln
- genießt seine Limo
- wippende Beine
- wirkt stolz
- große Freude
- gibt Trinkgeld

4. Verhalten der Kellnerin am Anfang und am Ende des Textes beschreiben und belegen

Am Anfang des Textes ist die Kellnerin sichtlich genervt, ungeduldig und auch unfreundlich. Dieses Verhalten zeigt sich in folgenden Textstellen: „… erwiderte ich kurz und knapp …" (Z. 18), „… und ich wurde ungeduldig …" (Z. 22 f.), „… erwiderte ich ungehalten …" (Z. 26), „… ging wortlos weiter und widmete meine Aufmerksamkeit wieder den anderen Gästen …" (Z. 35 f.).
Am Ende des Textes ist die Kellnerin jedoch sehr gerührt und angetan von dem kleinen Jungen. Sie schämt sich für ihr Verhalten. Dies geht aus folgenden Textstellen hervor: „Plötzlich schossen mir die Tränen in die Augen." (Z. 51 f.), „… ich schämte mich, weil ich … nicht so freundlich zu dem … Jungen gewesen war ..." (Z. 61 – 64), „… und ich spendierte ihm eine ganze Limomaß." (Z. 71)

5. Passendes Zitat wählen und begründen

„Tut einer etwas freiwillig für andere, dann probt er die alte Weisheit: Wer gibt, dem wird gegeben." Dieses Zitat von Richard von Weizsäcker passt zur Textaussage, da der Junge ja freiwillig Trinkgeld gibt und dafür eine Limomaß spendiert bekommt. Wenn man sich selbst wertschätzend verhält, erhält man oft etwas zurück.

6. Text zusammenfassen

In der Kurzgeschichte „Ehre die Menschen, die dir dienen" von Christian Bischoff geht es um einen kleinen Jungen, der sehr großzügig zu einer Kellnerin ist und sie damit beschämt.
Der kleine Junge kommt ganz allein in einen vollen Biergarten, fragt nach den Preisen, zählt sein Geld nach und bestellt sich dann nur eine kleine Limo. Die ungeduldige Kellnerin ist eher unfreundlich, weil sie glaubt, von ihm kein Trinkgeld erwarten zu können. Am Ende legt der Junge aber doch ein Trinkgeld hin. Dafür hat er extra auf ein größeres Glas verzichtet. Die Kellnerin schämt sich und spendiert ihm beim nächsten Mal eine ganze Maß Limo.

7. Statistik beschreiben und Textzusammenhang herstellen

Das Diagramm zeigt, welche Werte Jugendlichen wichtig sind. Dafür wurden im März 2015 ca. 2500 Jugendliche und junge Erwachsene im Alter von 12 bis 25 Jahren befragt. An oberster Stelle stehen Freundschaften, Partnerschaften und Familie.
Zu dem Text passt der Balken „das Leben in vollen Zügen genießen", weil der Junge seine Limo ganz bewusst genießt. Er freut sich auch darüber, allein im Biergarten zu sein und das zu bestellen, was er möchte, was den Werten „eigenverantwortlich leben und handeln" und „unabhängig von anderen sein" entspricht.

Teil D Schreiben

Aufgabengruppe I

1. Aufruf für die Schulhomepage verfassen

Schreibplan:

Einleitung:
- rücksichtsloses Verhalten
- rauer Umgangston

} Schüler/-innen darauf aufmerksam machen

Hauptteil:
- freundlich, hilfsbereit, herzlich sein
- Offenheit, Ehrlichkeit
- wertschätzen und verzeihen können

Schluss:
- Wenn man respektlos zu anderen ist, sind sie ebenfalls respektlos zu einem!

Was kann ich tun, damit ich respektvoll behandelt werde?
Ich bin mir sicher, dass ihr schon mal mit rücksichtslosem Verhalten und rauem Umgangston in Kontakt gekommen seid. Wollt ihr, dass man so mit euch umgeht? Oder dass andere so behandelt werden? Sicher nicht! Ich verrate euch, wie wir den Umgang untereinander verbessern können.
Man sollte zunächst einfach freundlich sein. Dafür muss man wirklich nicht viel tun. Schon allein die Mitschüler/-innen zu grüßen, ist ein Zeichen von Freundlichkeit.
Ebenso sollten wir hilfsbereit und offen sein. Wenn man beispielsweise bemerkt, dass ein neuer Mitschüler oder eine neue Mitschülerin Hilfe braucht, kann man ihm oder ihr helfen und herzlich aufnehmen.
Empathisch zu sein ist auch ein gutes Mittel, um mit anderen besser auszukommen. Denn wenn man sich in andere hineinversetzen kann, kann man das Handeln der anderen Person besser verstehen. Somit lässt sich Streit und Ärger manchmal von vornherein vermeiden.
Das Wichtigste ist aber Offenheit und Ehrlichkeit. Sobald man ein Problem hat, sollte man ehrlich und ruhig sagen, was einen stört! Das ist besser, als andere aus dem Nichts anzuschreien und damit respektlos zu behandeln. Nur durch offene Kommunikation kann man sich später auch wieder versöhnen.
Wenn man sich gegenseitig wertschätzt, kann man gar nicht mehr respektlos sein. Nur wenn man sich selbst anderen gegenüber respektlos verhält, wird man selbst auch respektlos behandelt!
Deshalb macht alle mit und lasst uns eine Schule sein, in der sich alle wohlfühlen!

2. Beitrag für den Schreibwettbewerb verfassen

Der Ort, an dem ich mich besonders wohlfühle, ist eine rote Bank außerhalb der Stadt. Drumherum gibt es nur einen Feldweg und Bäume.
Wenn ich auf dieser Bank sitze, fühle ich mich wohl, weil ich mir dann viele Gedanken über mein Leben machen und besser einordnen kann, was für mich gut oder schlecht ist.
Ebenso habe ich schöne Erinnerungen dort gesammelt und Menschen kennengelernt, die jetzt eine wichtige Rolle in meinem Leben spielen.
Wenn ich auf der roten Bank in der Natur sitze, kann ich einfach alles um mich herum vergessen und zur Ruhe kommen.
Auch wenn ich nicht sehr oft dorthin gehen kann, ist es immer wieder ein schönes Gefühl, dort zu sein.

3. Aussage anhand des Jugendschutzgesetzes klären

Die Erwachsenen müssen sich keine Sorgen machen. Laut Jugendschutzgesetz dürfen sich Kinder bzw. Jugendliche in der Zeit zwischen 5:00 Uhr und 23:00 Uhr in einer Gaststätte aufhalten, wenn sie „... eine Mahlzeit oder ein Getränk" einnehmen. Da der Junge in der Geschichte eine Limo trinkt, ist der Aufenthalt auch „ohne Begleitung einer personensorgeberechtigten oder erziehungsbeauftragten Person" in Ordnung.

Aufgabengruppe II

1. Artikel für die Schülerzeitung verfassen

Schreibplan:

Einleitung: ▶ unterschiedliche Gründe für Berufswahl
Hauptteil: ▶ pro: Geld braucht man, um selbstständig leben zu können
▶ contra: Wohlfühlen bei der Arbeit / genügend Freizeit haben
Schluss: ▶ eigene Meinung

Die richtige Berufswahl

Da wir in diesem Jahr unseren Schulabschluss machen, diskutieren wir in der Klasse viel darüber, welchen Beruf wir ergreifen wollen und was uns bei der Berufswahl wichtig ist. Viele sagen, dass das Wichtigste ist, viel Geld zu verdienen. Dazu will ich nun Stellung nehmen.

Wir alle wollen endlich unabhängig von den Eltern werden und selbst entscheiden können, wofür wir unser Geld ausgeben. Daher ist es unbedingt nötig, ein eigenes, gutes Einkommen zu haben. Wenn man genügend Lohn bekommt, kann man leichter die anfallenden Kosten für Kleidung, Auto, Miete usw. begleichen. Wer wenig verdient, kann sich auch nicht viel leisten. Daher ist es schon wichtig, gut zu verdienen.

Auf der anderen Seite ist es aber auch wichtig, dass man sich bei der Arbeit wohlfühlt. Dazu gehört ein gutes Arbeitsteam, das einen unterstützt und wertschätzt. Einmal habe ich in einem kirchlichen Pflegeheim ein Praktikum gemacht. Die Arbeit hat mir eigentlich gefallen, aber die Angestellten dort haben mir deutlich gezeigt, dass ich nicht willkommen bin. Ich habe mich dort extrem unwohl gefühlt. Dort würde ich auch für viel Geld nicht mehr arbeiten wollen!

Was ich auch sehr wichtig finde, ist eine Arbeit, die einem genügend Freizeit lässt. Ein Beruf mit viel Geld, aber wenig Urlaub wäre für mich undenkbar! Meine Tante arbeitet in einer großen Firma und bekommt ein richtig gutes Gehalt, muss aber oft bis abends und auch noch am Samstag arbeiten. Das möchte ich nicht. Mir ist es wichtig, dass ich auch mal abschalten kann und Zeit für mich habe. Nur dann kann ich wieder mit Freude an die Arbeit gehen.

Meiner Meinung nach ist es also schon sehr wichtig, viel Geld zu verdienen, aber für mich steht das nicht an erster Stelle. Mir sind freundliche Kolleginnen und Kollegen sowie genügend Freizeit viel wichtiger. Daher stimme ich der der Aussage „Viel Geld zu verdienen ist das Wichtigste bei der Wahl des zukünftigen Berufs" nicht zu.

2. Grußkarte verfassen

Für Laura!

Ich habe dich ausgewählt, weil du meine beste Freundin bist. Wir kennen uns nun schon seit mittlerweile fast fünf Jahren. In dieser Zeit habe ich dich und deine Eigenschaften besser kennengelernt. Du bist ein sehr liebenswürdiger Mensch, den man einfach mögen muss. Ich kann mit dir über alles reden, über alles diskutieren, sogar streiten – ohne, dass du gleich ausrastest. In Kunst bist du eine der Besten, wenn nicht die Beste. Das finde ich bewundernswert. Du hast extrem gute Eigenschaften und ich mag dich für jede einzelne davon, aber für diese eine Eigenschaft schätze ich dich am meisten: Du bist der ehrlichste Mensch, der mir je begegnet ist. Du sagst deine Meinung und es ist dir egal, wie die anderen darauf reagieren. So einen Menschen wie dich habe ich noch nie getroffen. Danke, dass es dich gibt!

Deine Samira <3

3. Text für Flyer verfassen

Pausenbrotwegwerfer/-innen aufgepasst!

Laut Verbraucherzentrale werden in Deutschland vor allem Obst und Gemüse, Speisereste sowie Brot und Backwaren weggeworfen. In der Schule landen immer mehr Pausenbrote in den Mülleimern.
Das muss aufhören! Lebensmittel dürfen nicht verschwendet werden. Es stecken so viel Arbeit, Energie und Rohstoffe dahinter, um zum Beispiel ein einziges Brot herzustellen.
Aber du kannst was dagegen tun! WAS? Ganz einfach – hier ein paar Tipps:

- dein Pausenbrot teilen, anstatt es wegzuwerfen
- dir selber das Pausenbrot so gestalten, dass es dir schmeckt
- nur so viel mitnehmen, wie du auch wirklich „schaffst"

So einfach ist das. Macht mit und werdet Lebensmittelretter/-innen!

Für weitere Informationen könnt ihr euch an die Schüler/-innen der Klasse 9c wenden! Wir kommen gerne mit euch ins Gespräch.

Notizen

1. Gleichungen – Umstellen von Formeln

Aufgabe 1

a) $4x - (2x - 1) = -2\,(-2{,}5 + 15x)$ | ausklammern
$4x - 2x + 1 = 5 - 30x$ | zusammenfassen
$2x + 1 = 5 - 30x$ | – 2x
$1 = 5 - 32\,x$ | – 5
$-32x = -4$ | : (-32)
$x = \frac{1}{8} = 0{,}125$

b) $2{,}8 - 3 \cdot 2{,}6x + 12{,}1 - x = -6 \cdot 5{,}2 - 4{,}2x + 0{,}1$ | ausmultiplizieren
$2{,}8 - 7{,}8x + 12{,}1 - x = -31{,}2 - 4{,}2x + 0{,}1$ | zusammenfassen
$14{,}9 - 8{,}8x = -31{,}1 - 4{,}2x$ | + 31,1
$46 - 8{,}8x = -4{,}2x$ | + 8,8x
$46 = 4{,}6x$ | : 4,6
$x = 10$

c) $4\,(4x + 6) - 3\,(7x - 3) = -12$ | ausklammern
$16x + 24 - 21x + 9 = -12$ | zusammenfassen
$-5x + 33 = -12$ | – 33
$-5x = -45$ | : (-5)
$x = 9$

d) $1{,}5\,(4x - 8) = 40 - (26 - x)$ | ausklammern
$6x - 12 = 40 - 26 + x$ | zusammenfassen
$6x - 12 = 14 + x$ | + 12
$6x = 26 + x$ | – x
$5x = 26$ | : 5
$x = 5{,}2$

e) $2\,(4x - 2) - 2\,(1{,}5x - 1) = 6{,}5 - 1{,}5\,(11 - 6x)$ | ausklammern
$8x - 4 - 3x + 2 = 6{,}5 - 16{,}5 + 9x$ | zusammenfassen
$5x - 2 = -10 + 9x$ | – 5x
$-2 = -10 + 4x$ | + 10
$8 = 4x$ | : 4
$x = 2$

f) $4{,}5\,(12x + 14) + 8\,(10x - 6) + 78 = 7{,}5\,(18x + 26) - 3{,}5\,(12x - 6)$ | ausklammern
$54x + 63 + 80x - 48 + 78 = 135x + 195 - 42x + 21$ | zusammenfassen
$134x + 93 = 93x + 216$ | – 93x
$41x + 93 = 216$ | – 93
$41x = 123$ | : 41
$x = 3$

g) $14 \cdot \left(1{,}5x + \frac{1}{4}\right) - 6 \cdot \left(4x - \frac{1}{3}\right) = 10 \cdot \left(2{,}5x + \frac{1}{8}\right) - 2{,}75$ | ausklammern

$21x + 3{,}5 - 24x + 2 = 25x + 1{,}25 - 2{,}75$ | zusammenfassen

$-3x + 5{,}5 = 25x - 1{,}5$ | + 3x

$5{,}5 = 28x - 1{,}5$ | + 1,5

$7 = 28x$ | : 28

$x = 0{,}25$

h) $7\,(x + 3) - 2\,(4x - 3) = -4\,(3x - 9) + (-10x + 2) : (-2)$ | ausklammern

$7x + 21 - 8x + 6 = -12x + 36 + 5x - 1$ | zusammenfassen

$-x + 27 = -7x + 35$ | + 7x

$6x + 27 = 35$ | – 27

$6x = 8$ | : 6

$x = 1\frac{1}{3}$

Aufgabe 2

a) $\frac{3 \cdot (x - 4)}{5} + \frac{7 \cdot (6 - 2x)}{10} = \frac{5 \cdot (-3x + 1)}{2} + 6$ — mit dem HN = 10 multiplizieren

$\frac{10 \cdot 3\,(x - 4)}{5} + \frac{10 \cdot 7\,(6 - 2x)}{10} = \frac{10 \cdot 5\,(-3x + 1)}{2} + 10 \cdot 6$ — kürzen

$6\,(x - 4) + 7\,(6 - 2x) = 25\,(-3x + 1) + 60$ — Klammern auflösen

$6x - 24 + 42 - 14x = -75x + 25 + 60$ — zusammenfassen

$-8x + 18 = -75x + 85$ | + 75x

$67x + 18 = 85$ | – 18

$67x = 67$ | : 67

$x = 1$

b) $\frac{14x - 12}{3} - \frac{5\,(x - 5)}{6} - 3 = \frac{x - 1}{2} - \frac{1{,}5\,(18x + 60)}{4}$ — mit dem HN = 12 multiplizieren

$\frac{12\,(14x - 12)}{3} - \frac{12 \cdot 5\,(x - 5)}{6} - 3 \cdot 12 = \frac{12\,(x - 1)}{2} - \frac{12 \cdot 1{,}5\,(18x + 60)}{4}$ — kürzen

$4\,(14x - 12) - 10\,(x - 5) - 36 = 6\,(x - 1) - 4{,}5\,(18x + 60)$ — Klammern auflösen

$56x - 48 - 10x + 50 - 36 = 6x - 6 - 81x - 270$

$46x - 34 = -75x - 276$ | + 75x

$121x - 34 = -276$ | + 34

$121x = -242$ | : 121

$x = -2$

c) $\frac{24x + 2}{10} + \frac{90}{45} = \frac{13x - 4}{7} + \frac{4}{70}$ | zusammenfassen (auf den Nenner achten)

$\frac{12x + 1}{5} + \frac{10}{5} = \frac{13x - 4}{7} + \frac{0{,}4}{7}$

$\frac{12x + 11}{5} = \frac{13x - 3{,}6}{7}$ | HN (35)

$\frac{35\,(12x + 11)}{5} = \frac{35\,(13x - 3{,}6)}{7}$ | kürzen

$7\,(12x + 11) = 5\,(13x - 3{,}6)$ | ausklammern

$84x + 77 = 65x - 18$ | – 65x

$19x + 77 = -18$ | – 77

$19x = 95$ | : 19

$x = 5$

d) $2\,(4x + 12) - \frac{2\,(20x - 1)}{5} = 42 - 4\left(\frac{1}{2}x + 2\right) - \frac{10}{16}$ | ausklammern

$8x + 24 - \frac{(40x - 2)}{5} = 42 - 2x - 8 - \frac{10}{16}$

$8x + 24 - 8x + 0{,}4 = 42 - 2x - 8 - 0{,}625$ | zusammenfassen

$24{,}4 = 33{,}375 - 2x$ | – 33,375

$-8{,}975 = -2x$ | : (-2)

$x = 4{,}4875$

Aufgabe 3

a) $x \cdot 5 + 4 = 44$ | – 4

$5x = 40$ | : 5

$x = 8$

Die gesuchte Zahl ist 8.

b) $(0{,}5x + 2) \cdot 8 = 50$ | ausklammern

$4x + 16 = 50$ | – 16

$4x = 34$ | : 4

$x = 8{,}5$

Die gesuchte Zahl ist 8,5.

c) $2\,(3x + 4) - 2\,(x + 4) = 0$ | ausklammern

$6x + 8 - 2x - 8 = 0$ | zusammenfassen

$4x = 0$ | : 4

Die gesuchte Zahl ist 0.

Aufgabe 4

a) Henry: 4x Oskar: x

$4x + x = 50$ | zusammenfassen

$5x = 50$ | : 5

$x = 10$

Henry: 40 Autogrammkarten
Oskar: 10 Autogrammkarten

b) Rot: x Grün: $2x$ Blau: $2(x + 2x)$

$$x + 2x + 2(x + 2x) = 270$$
$$x + 2x + 2x + 4x = 270 \quad | \text{ zusammenfassen}$$
$$9x = 270 \quad | :9$$
$$x = 30$$

Rot: 30 Bälle
Grün: 60 Bälle
Blau: 180 Bälle

c) Senna: x Julia: $1{,}5x$ Miraj: $0{,}5x$

$$x + 1{,}5x + 0{,}5x = 90\,000 \quad | \text{ zusammenfassen}$$
$$3x = 90\,000 \quad | :3$$
$$x = 30\,000$$

Senna: 30 000
Julia: 45 000
Miraj: 15 000

Aufgabe 5

a) $a + a + a = u$
$a = 3\text{ cm}$
$u = 3\text{ cm} + 3\text{ cm} + 3\text{ cm} = 9\text{ cm}$

b) $$A = 0{,}5 \cdot g \cdot h$$

$h = 3\text{ cm}$; $g = 2 \cdot 3\text{ cm}$
$A = 0{,}5 \cdot 2 \cdot 3\text{ cm} \cdot 3\text{ cm}$
$A = 9\text{ cm}^2$

c) $$A = \left(\frac{a + c}{2}\right) \cdot h$$

$A = 32\text{ cm}^2$; $h = 8\text{ cm}$; $a = 6\text{ cm}$

$$32\text{ cm}^2 = \left(\frac{6\text{ cm} + c}{2}\right) \cdot 8\text{ cm} \quad | :8\text{ cm}$$
$$4\text{ cm} = \left(\frac{6\text{ cm} + c}{2}\right)$$
$$4\text{ cm} = 3\text{ cm} + 0{,}5\,c \quad | -3\text{ cm}$$
$$1\text{ cm} = 0{,}5\,c \quad | \cdot 2$$
$$c = 2\text{ cm}$$

Die andere parallele Seite ist 2 cm lang.

Aufgabe 6

a)
$$A = \frac{1}{2} e \cdot f \qquad | \cdot 2$$
$$2 \cdot A = e \cdot f \qquad | : f$$
$$e = \frac{2 \cdot A}{f}$$

b)
$$V = \frac{1}{3} r^2 \pi \cdot h \qquad | \cdot 3$$
$$3 \cdot V = r^2 \pi \cdot h \qquad | : (r^2 \pi)$$
$$h = \frac{3 \cdot V}{r^2 \pi}$$

$$V = \frac{1}{3} r^2 \pi \cdot h \qquad | \cdot 3$$
$$3 \cdot V = r^2 \pi \cdot h \qquad | : (\pi h)$$
$$\frac{3 \cdot V}{\pi h} = r^2 \qquad | \sqrt{}$$
$$r = \sqrt{\frac{3 \cdot V}{\pi h}}$$

c)
$$A = \frac{(a + c)}{2} \cdot h \qquad | \cdot 2$$
$$2 \cdot A = (a + c) \cdot h \qquad | : (a + c)$$
$$h = \frac{2 \cdot A}{(a + c)}$$

$$A = \frac{(a + c)}{2} \cdot h \qquad | \cdot 2$$
$$2 \cdot A = (a + c) \cdot h \qquad | : h$$
$$\frac{2 \cdot A}{h} = a + c \qquad | - a$$
$$c = \frac{2 \cdot A}{h} - a$$

d)
$$Z = \frac{K \cdot p \cdot t}{100 \cdot 360} \qquad | \cdot (100 \cdot 360)$$
$$100 \cdot 360 \cdot Z = K \cdot p \cdot t \qquad | : (p \cdot t)$$
$$K = \frac{360 \cdot 100 \cdot Z}{p \cdot t}$$

e)
$$A = \frac{\alpha}{360°} r^2 \cdot \pi \qquad | \cdot 360°$$
$$360° \cdot A = \alpha \cdot r^2 \cdot \pi \qquad | : (r^2 \pi)$$
$$\alpha = \frac{360° \cdot A}{r^2 \cdot \pi}$$

$$A = \frac{\alpha}{360°} r^2 \cdot \pi \qquad | \cdot 360°$$
$$360° \cdot A = \alpha \cdot r^2 \cdot \pi \qquad | : (\alpha \cdot \pi)$$
$$r^2 = \frac{360° \cdot A}{\alpha \cdot \pi} \qquad | \sqrt{}$$
$$r = \sqrt{\frac{360° \cdot A}{\alpha \cdot \pi}}$$

f)
$$K_n = K_0 \left(1 + \frac{p}{100}\right)^3 \qquad | : K_0$$
$$\frac{K_n}{K_0} = \left(1 + \frac{p}{100}\right)^3 \qquad | \sqrt[3]{}$$
$$\sqrt[3]{\frac{K_n}{K_0}} = 1 + \frac{p}{100} \qquad | - 1$$
$$\sqrt[3]{\frac{K_n}{K_0}} - 1 = \frac{p}{100} \qquad | \cdot 100$$
$$p = \left(\sqrt[3]{\frac{K_n}{K_0}} - 1\right) \cdot 100$$
$$p = 100 \cdot \sqrt[3]{\frac{K_n}{K_0}} - 100$$

2. Prozent- und Promillerechnung

Aufgabe 1

a) $PW = \frac{GW \cdot p}{100}$ ⇒ $PW = \frac{240\ € \cdot 2{,}5}{100}$

$PW = 6\ €$

b) $p = \frac{PW \cdot 100}{GW}$ ⇒ $p = \frac{120\ l \cdot 100}{800\ l}$

$p = 15$

c) $GW = \frac{PW \cdot 100}{p}$ ⇒ $GW = \frac{45\ m^2 \cdot 100}{3}$

$GW = 1500\ m^2$

Aufgabe 2

1. Schritt:
Berechnung des Preises bei Einzelkauf:

Stifte: 15 · 0,35 € = 5,25 €
Hefte: 12 · 0,60 € = 7,20 €
12,45 € bei Einzelkauf

2. Schritt:
Berechnung des Preises bei Kauf „im Pack":

Stifte:
12 % Nachlass ⇒
88 % Verkaufspreis

100 % ≙ 5,25 €

$88\ \% \triangleq \frac{5{,}25 \cdot 88}{100}\ €$

= 4,62 €

Hefte:
8 % Nachlass ⇒
92 % Verkaufspreis

100 % ≙ 7,20 €

$92\ \% \triangleq \frac{7{,}20 \cdot 92}{100}\ €$

= 6,62 €

4,62 € + 6,62 € = 11,24 €

3. Schritt:
Berechnung der Ersparnis:

12,45 € – 11,24 € = 1,21 €

Sophia kann beim Kauf „im Pack" 1,21 € sparen.

Aufgabe 3

1. Schritt:
Berechnung des Nettopreises:

I. Möglichkeit

$$
\begin{aligned}
119\,\% &\mathrel{\hat{=}} 21\,500\ € && (:119)\\
1\,\% &\mathrel{\hat{=}} \frac{21\,500}{119}\ € && (\cdot 100)\\
100\,\% &\mathrel{\hat{=}} \frac{21\,500 \cdot 100}{119}\ €\\
&= 18\,067{,}23\ €
\end{aligned}
$$

II. Möglichkeit

$$GW = \frac{PW \cdot 100}{119}$$

$$GW = \frac{21\,500\ € \cdot 100}{119}$$

$$GW = 18\,067{,}23\ €$$

2. Schritt:
Berechnung des Verlustes:

I. Möglichkeit

Weil der Verlust 12 % beträgt, entspricht der Betrag von 18 067,23 € nur 88 % des ursprünglichen Preises.

$$88\,\% \mathrel{\hat{=}} 18\,067{,}23\ €$$

$$100\,\% \mathrel{\hat{=}} \frac{18\,067{,}23 \cdot 100}{88}\ €$$

$$= 20\,530{,}94\ €$$

Verlust: 20 530,94 € – 18 067,23 € = 2463,71 €

II. Möglichkeit

Man kann den Verlustbetrag auch direkt berechnen:

$$88\,\% \mathrel{\hat{=}} 18\,067{,}23\ €$$

$$12\,\% \mathrel{\hat{=}} \frac{18\,067{,}23\ € \cdot 12}{88}$$

$$= 2463{,}71\ €$$

Der Autohändler hat einen Verlust von 2463,71 €.

Aufgabe 4

I. Möglichkeit

Berechnung des Jahresbeitrags bei der Versicherung A:

$$
\begin{aligned}
&: 1000 \quad & 1000\ \text{‰} &\triangleq 50\,000\ € & \quad : 1000\\
& & 1\ \text{‰} &\triangleq \frac{50\,000\ €}{1000} & \\
&\cdot 0{,}06 \quad & 0{,}06\ \text{‰} &= \frac{50\,000\ € \cdot 0{,}06}{1000} & \quad \cdot 0{,}06\\
& & &= 3\ €\ \text{monatlich} &
\end{aligned}
$$

Im Jahr: $12 \cdot 3\ € = 36\ €$

Versicherung A ist 4 € preiswerter als Versicherung B.

II. Möglichkeit

Berechnung des monatlichen Promillesatzes bei Versicherung B:

$$
\begin{aligned}
&: 50{,}000 \quad & 50\,000\ € &\triangleq 1000\ \text{‰} & \quad : 50\,000\\
& & 1\ € &\triangleq \frac{1000\ \text{‰}}{50\,000} & \\
&\cdot 3{,}33 \quad & 3{,}33\ € &\triangleq \frac{1000\ \text{‰} \cdot 3{,}33}{50\,000} & \quad \cdot 3{,}33\\
& & &= 0{,}0666\ \text{‰} &
\end{aligned}
$$

$40\ € : 12 = 3{,}33\ €$

$0{,}06\ \text{‰} < 0{,}0666\ \text{‰}$

Der monatliche Promillesatz bei Versicherung A ist niedriger als bei Versicherung B.
⇒ Herr Müller wird sich für die Versicherung A entscheiden.

Aufgabe 5

1. Schritt:
Berechnung des Gesamtpreises bei Händler A:

$30\ \%$ von $7250\ € = \frac{30}{100} \cdot 7250\ € = 2175\ €$

18 Monatsraten zu je $300\ € = 18 \cdot 300\ € = 5400\ €$

Gesamtkosten Händler A:

$$
\begin{array}{r}
2175\ €\\
+\ 5400\ €\\
\hline
7575\ €
\end{array}
$$

2. Schritt:
Berechnung des Gesamtpreises bei Händler B:

$40\ \%$ von $7250\ € = \frac{40}{100} \cdot 7250\ € = 2900\ €$

24 Monatsraten zu je $190\ € = 24 \cdot 190\ € = 4560\ €$

Gesamtkosten Händler B:

$$
\begin{array}{r}
2900\ €\\
+\ 4560\ €\\
\hline
7460\ €
\end{array}
$$

3. Schritt:
Berechnung der Preisdifferenz:

7575 € – 7460 € = 115 €

Noah wird sich für den Händler B entscheiden, weil das Angebot 115 € preiswerter ist.

Aufgabe 6

Man muss schrittweise rückwärts rechnen, wobei stets der neue Grundwert berechnet wird.

$119\ \% \triangleq 420\ €$ (Endpreis)

$100\ \% \triangleq \frac{420\ € \cdot 100}{119} = 352{,}94\ €$ (Nettoverkaufspreis)

$122\ \% \triangleq 352{,}94\ €$

$100\ \% \triangleq \frac{352{,}94\ € \cdot 100}{122} = 289{,}30\ €$ (Selbstkostenpreis)

$112\ \% \triangleq 289{,}30\ €$

$100\ \% \triangleq \frac{289{,}30\ € \cdot 100}{112} = 258{,}30\ €$ (Einkaufspreis)

Der Einkaufspreis beträgt 258,30 €.

Probe
258,30 € + 12 % = 289,30 €
289,30 € + 22 % = 352,95 €
352,95 € + 19 % = 420,01 €

3. Zinsrechnung

Aufgabe 1

a) $Z = \frac{K \cdot p \cdot m}{100 \cdot 12}$ $\Rightarrow$ $Z = \frac{4000\ € \cdot 2{,}8 \cdot 4}{100 \cdot 12}$

$Z = 37{,}33\ €$

b) $Z = \frac{K \cdot p \cdot n}{100}$ $\Rightarrow$ $Z = \frac{12\,500\ € \cdot 3{,}2 \cdot 1}{100}$

$Z = 400\ €$

c) $Z = \frac{K \cdot p \cdot t}{100 \cdot 360}$ $\Rightarrow$ $Z = \frac{8600\ € \cdot 3{,}5 \cdot 178}{100 \cdot 360}$

$Z = 148{,}83\ €$

Aufgabe 2

Die Zinsformel muss umgestellt werden.

$$Z = \frac{K \cdot p \cdot m}{100 \cdot 12} \qquad | \cdot (100 \cdot 12)$$

$$Z \cdot 100 \cdot 12 = K \cdot p \cdot m \qquad | : (p \cdot m)$$

$$K = \frac{Z \cdot 100 \cdot 12}{p \cdot m}$$

$$K = \frac{98\,€ \cdot 100 \cdot 12}{3 \cdot 8}$$

$$K = 4900\,€$$

Herr Kaiser hat ein Kapital von 4900 €.

Aufgabe 3

Die Zinsformel muss umgestellt werden.

$$Z = \frac{K \cdot p \cdot t}{100 \cdot 360} \qquad | \cdot (100 \cdot 360)$$

$$Z \cdot 100 \cdot 360 = K \cdot p \cdot t \qquad | : (K \cdot t)$$

$$p = \frac{Z \cdot 100 \cdot 360}{K \cdot t}$$

$$p = \frac{320\,€ \cdot 100 \cdot 360}{40\,000\,€ \cdot 120}$$

$$p = 2{,}4$$

Familie Glück erhielt 2,4 % Zinsen.

Aufgabe 4

I. Möglichkeit (schrittweise berechnen)

$p = 3 \quad \Rightarrow \quad q = 1{,}03$
$K_1 = 5000\,€ \cdot 1{,}03 = 5150\,€$
$K_2 = 5150\,€ \cdot 1{,}03 = 5304{,}50\,€$
$K_3 = 5304{,}50\,€ \cdot 1{,}03 = 5463{,}64\,€$
$K_4 = 5463{,}64\,€ \cdot 1{,}03 = 5627{,}55\,€$
$K_5 = 5627{,}55\,€ \cdot 1{,}03 = 5796{,}38\,€$

II. Möglichkeit (Berechnung in einem Schritt)

$n = 5, \quad q = 1{,}03, \quad K_0 = 5000\,€$

Formel: $K_n = K_0 \cdot q^n$

$\Rightarrow \quad K_5 = 5000\,€ \cdot 1{,}03^5$
$ K_5 = 5796{,}37\,€$

Nach 5 Jahren sind 5796,37 € auf dem Konto.

Aufgabe 5

1. Schritt:
Berechnung des Kreditbetrages:

$\frac{3}{8}$ von 40 000 € = 15 000 €

2. Schritt:
Berechnung der Kosten des Angebotes A:

I. Möglichkeit (mit dem Taschenrechner)

8,1 % von 15 000 € = 1215 €

II. Möglichkeit (mit der Formel)

$$Z = \frac{15\,000\,€ \cdot 8{,}1 \cdot 1}{100}$$

Z = 1215 €

III. Möglichkeit (mit dem Dreisatz)

: 100	100 % ≙ 15 000 €	: 100
	1 % ≙ $\frac{15\,000}{100}$ € = 150 €	
· 8,1	8,1 % ≙ 150 € · 8,1 = 1215 €	· 8,1

Kosten:

Bearbeitungsgebühr:	90 €
Darlehenszinsen	+ 1215 €
	1
	1305 €

3. Schritt:
Berechnung der Kosten des Angebotes B:

$$\text{Zinsen } Z = \frac{15\,000\,€ \cdot 8}{100}$$

Z = 1200 €

Bearbeitungsgebühr 0,8 % von 15 000 € = 120 €

	1200 €
	+ 120 €
Kosten:	1320 €

4. Schritt:
Kostenvergleich: 1320 € – 1305 € = 15 €

Das Angebot A ist 15 € billiger.

Aufgabe 6

Kreditbetrag: 22 000 € ①

Berechnung der Bearbeitungsgebühr:
2 % von 22 000 € = 440 € ②

durch direkte Taschenrechnereingabe

Berechnung der monatlichen Zinsen:
0,55 % von 22 000 € = 121 €

Berechnung der Zinsen für 48 Monate:
48 · 121 € = 5808 € ③

Berechnung der Monatsrate:

$$\text{Monatsrate} = \frac{\overset{①}{22\,000\ €} + \overset{②}{440\ €} + \overset{③}{5808\ €}}{48}$$

Monatsrate = 588,50 €

Familie Wolf muss monatlich 588,50 € bezahlen.

4. Potenzen

Aufgabe 1

a) 1 980 000 000 b) 899 000 000 000 c) 1 344 500 000

d) 0,00000977 e) 0,000000000002331

Aufgabe 2

a) $9{,}1 \cdot 10^{5}$ b) $4{,}3 \cdot 10^{7}$ c) $7{,}4 \cdot 10^{14}$

d) $2 \cdot 10^{-2}$ e) $8{,}1 \cdot 10^{-5}$ f) $4{,}31 \cdot 10^{-16}$

Aufgabe 3

Du musst überlegen, wie oft die 64 GB in die 2 TB hineingehen. Um dies zu berechnen, bietet es sich an, alle Einheiten in Byte umzuwandeln.

$64\text{ GB} = 64 \cdot 10^{9}\text{ B} = 6{,}4 \cdot 10^{10}\text{ B}$
$2\text{ TB} = 2 \cdot 10^{12}\text{ B}$

Rechnung:
$2 \cdot 10^{12}\text{ B} : 6{,}4 \cdot 10^{10}\text{ B} = (2 : 6{,}4) \cdot 10^{12-10}\text{ B} = 0{,}3125 \cdot 10^{2}\text{ B} = 31{,}25$

Dana benötigt 32 USB-Sticks, um die gleiche Speicherkapazität zu haben.

Aufgabe 4

a) $1{,}412 \cdot 10^{18}\text{ km}^3 = 1{,}412 \cdot 10^{27}\text{ m}^3$
$1{,}99 \cdot 10^{27}\text{ t} = 1{,}99 \cdot 10^{33}\text{ g}$
$6{,}09 \cdot 10^{12}\text{ km}^2 = 6{,}09 \cdot 10^{18}\text{ cm}^2$

b) Um diese Aussage zu überprüfen, muss man das Volumen der Sonne durch das Volumen der Erde dividieren. Dadurch, dass hier bereits die gleichen Einheiten angegeben sind, kann man wie folgt rechnen:
$1{,}412 \cdot 10^{18}\text{ km}^3 : 1{,}085 \cdot 10^{12}\text{ km}^3 = 1\,301\,382{,}488$

Mit seiner Aussage hat Malik daher nicht recht.

c) Hier musst du mit der Umkehraufgabe rechnen.
$6{,}09 \cdot 10^{12}\ km^2 \cdot 160\,263 = 9{,}76 \cdot 10^{17}\ km^2$

Die Oberfläche des Mondes beträgt etwa $9{,}76 \cdot 10^{17}\ km^2$.

Aufgabe 5

a) Um die Gesamtmasse eines Wassermoleküls zu berechnen, gehst du wie folgt vor:
2 · Masse Wasserstoffatom + 1 · Masse Sauerstoffatom
$2 \cdot 1{,}67 \cdot 10^{-29}\ kg + 1 \cdot 2{,}65 \cdot 10^{-26}\ kg = 2{,}65334 \cdot 10^{-26}\ kg$

b) Hier musst du rechnen, wie viele Wasserstoffatome in 1 kg hineinpassen:
$1\ kg : 1{,}67 \cdot 10^{-29}\ kg = 5{,}99 \cdot 10^{28}$

Aufgabe 6

Vorüberlegungen:
Der Temperaturunterschied von +40 °C zu -15 °C beträgt 55 °C.
Pro Grad und pro Meter wird die Brücke um $1{,}2 \cdot 10^{-5}$ m länger.
Die Brücke ist 2000 m lang.

$2000 \cdot 1{,}2 \cdot 10^{-5} \cdot 55 = 1{,}32\ m = 132\ cm$

Die Brücke ist um 132 cm länger.

Aufgabe 7

Als Vorüberlegung musst du die gleiche Einheit erhalten:
$1\ mm^3 = 1\ ml$; $1\,000\,000\ ml = 10^6\ ml = 1\ l$ $\Rightarrow$ Somit ist die Umrechnungszahl 10^6.
$5 \cdot 10^6 \cdot 10^6 = 5 \cdot 10^{6+6} = 5 \cdot 10^{12}$ $\Rightarrow$ In 1 l Blut sind $5 \cdot 10^{12}$ Blutkörperchen.

a) $5{,}2 \cdot 5 \cdot 10^{12} - 2{,}8 \cdot 5 \cdot 10^{12} = 2{,}4 \cdot 5 \cdot 10^{12} = 12 \cdot 10^{12}$

b) Der Mann und das Mädchen haben zusammen:
$5{,}2 \cdot 5 \cdot 10^{12} + 2{,}8 \cdot 5 \cdot 10^{12} = 8 \cdot 5 \cdot 10^{12} = 40 \cdot 10^{12}$ Blutkörperchen
Nun multiplizierst du die Anzahl der Blutkörperchen mit dem Durchmesser eines Blutkörperchens:
$40 \cdot 10^{12} \cdot 7 \cdot 10^{-3}\ mm = 280 \cdot 10^{12-3}\ mm = 28 \cdot 10^{10}\ mm = 28 \cdot 10^4\ km$

c) In einem Jahr (ca. 365 Tage) muss die Gesamtzahl der roten Blutkörperchen dreimal erneuert werden, weshalb du die Gesamtzahl der roten Blutkörperchen mit Drei multiplizieren musst:
$2{,}8 \cdot 5 \cdot 10^{12} \cdot 3 = 42 \cdot 10^{12}$

Training

5. Berechnungen an Flächen

Aufgabe 1

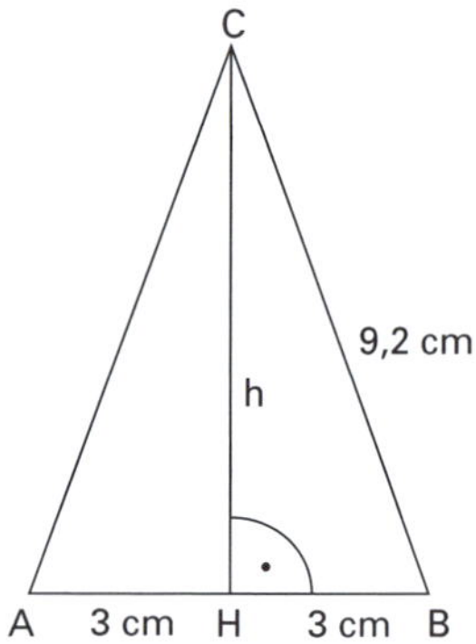

1. Schritt:
Berechnung der Länge der Höhe h. Der Höhenfußpunkt H liegt in der Mitte der Strecke [AB].
$\Rightarrow \overline{AH} = \overline{BH} = 3\text{ cm}$

Die Höhe h wird mit dem Satz des Pythagoras berechnet.

$$a^2 + b^2 = c^2$$

$$h^2 + (3\text{ cm})^2 = (9{,}2\text{ cm})^2 \quad | -(3\text{ cm})^2$$
$$h^2 = (9{,}2\text{ cm})^2 - (3\text{ cm})^2$$
$$h^2 = 75{,}64\text{ cm}^2 \quad | \sqrt{\ }$$
$$h = 8{,}7\text{ cm}$$

2. Schritt:
Berechnung des Flächeninhalts:

$$A = \frac{1}{2} g \cdot h$$

$g = 6\text{ cm},\ h = 8{,}7\text{ cm} \quad \Rightarrow \quad A = \frac{1}{2} \cdot 6\text{ cm} \cdot 8{,}7\text{ cm}$

$$A = 26{,}1\text{ cm}^2$$

Aufgabe 2

Die Figur setzt sich aus einem Rechteck und einem Dreieck zusammen, abzüglich eines Halbkreises.

Gesamtansatz: $A = A_R + A_\triangle - A_{\text{Halbkreis}}$

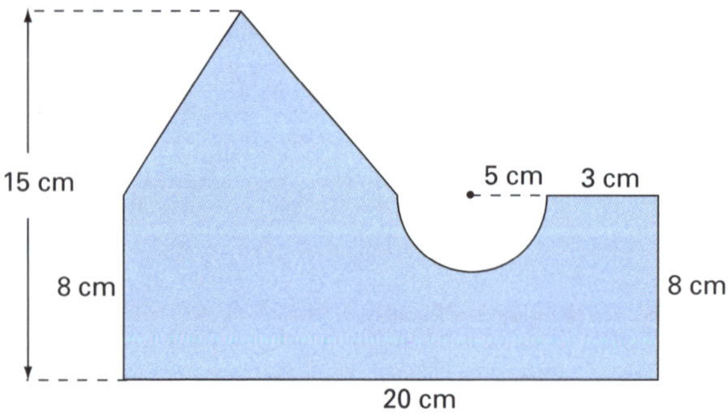

1. Schritt:
Berechnung des Flächeninhalts des Rechtecks:

$A_R = a \cdot b$

$A_R = 20\text{ cm} \cdot 8\text{ cm}$
$A_R = 160\text{ cm}^2$

2. Schritt:
Berechnung des Flächeninhalts des Dreiecks:

$A_\triangle = \frac{1}{2} \cdot g \cdot h$

$A_\triangle = \frac{1}{2} \cdot 7\text{ cm} \cdot 7\text{ cm}$
$A_\triangle = 24{,}5\text{ cm}^2$

Berechnung von g:
$g = 20\text{ cm} - 3\text{ cm} - 2 \cdot 5\text{ cm}$
$g = 7\text{ cm}$

Berechnung von h:
$h = 15\text{ cm} - 8\text{ cm}$
$h = 7\text{ cm}$

3. Schritt:
Berechnung des Flächeninhalts des Halbkreises:

$A_{HK} = \frac{1}{2} \cdot r^2 \cdot \pi$

$A_{HK} = \frac{1}{2} \cdot (5\text{ cm})^2 \cdot \pi$

$A_{HK} = 39{,}27\text{ cm}^2$

4. Schritt:
Berechnung des Flächeninhalts der Gesamtfigur:

$A = 160\text{ cm}^2 + 24{,}5\text{ cm}^2 - 39{,}27\text{ cm}^2$
$A = 145{,}23\text{ cm}^2$

Die Figur hat einen Flächeninhalt von $145{,}23\text{ cm}^2$.

Aufgabe 3

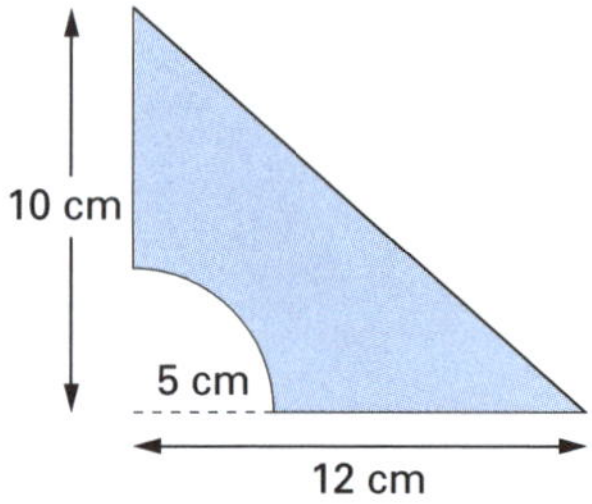

Berechnung des Flächeninhalts:

Gesamtansatz: $A = A_{Dreieck} - A_{Viertelkreis}$
$A = A_{\Delta} - A_{VK}$

1. Schritt:
Berechnung von A_{Δ}:

Das Dreieck ist rechtwinklig, also können die beiden Katheten als Grundlinie g und Höhe h betrachtet werden.

$$A = \frac{1}{2} \cdot g \cdot h$$

$$A = \frac{1}{2} \cdot 12\text{ cm} \cdot 10\text{ cm}$$

$$A = 60\text{ cm}^2$$

2. Schritt:
Berechnung von A_{VK}:

$$A_{VK} = \frac{1}{4} \cdot r^2 \cdot \pi$$

$r = 5$ cm $\Rightarrow$ $A_{VK} = \frac{1}{4}(5\text{ cm})^2\,\pi$

$A_{VK} = 19{,}63\text{ cm}^2$

3. Schritt:
Berechnung des Flächeninhalts A:

$A = 60\text{ cm}^2 - 19{,}63\text{ cm}^2$
$A = 40{,}37\text{ cm}^2$

Die Figur hat einen Flächeninhalt von $40{,}37\text{ cm}^2$.

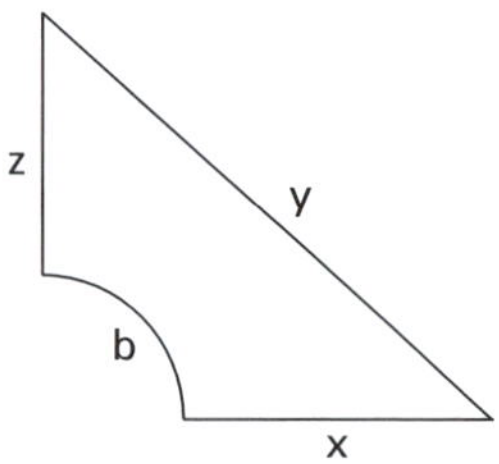

Berechnung des Umfangs u:
Der Umfang u ist die Summe der Begrenzungslinien.
$u = x + y + z + b$

y wird mit dem Satz des Pythagoras berechnet.

$y^2 = (12\text{ cm})^2 + (10\text{ cm})^2$
$y^2 = 244\text{ cm}^2 \quad | \sqrt{\ }$
$y = 15{,}62$ cm

$x = 12\text{ cm} - 5\text{ cm}$ $\quad$ $z = 10\text{ cm} - 5\text{ cm}$
$x = 7\text{ cm}$ $\quad$ $z = 5\text{ cm}$

b ist die Bogenlänge eines Viertelkreises (4. Teil des Kreisumfangs $u = 2\,r\pi$).

$\Rightarrow\ b = \frac{1}{4} \cdot 2\,r\pi$

$b = \frac{1}{4} \cdot 2 \cdot 5\text{ cm} \cdot \pi$

$b = 7{,}85\text{ cm}$

$u = 7\text{ cm} + 15{,}62\text{ cm} + 5\text{ cm} + 7{,}85\text{ cm}$
$u = 35{,}47\text{ cm}$

Der Umfang der Figur beträgt 35,47 cm.

Aufgabe 4

1. Schritt:
Berechnung des Flächeninhalts von Feld A:
Dazu muss die Länge der zweiten Kathete mit dem Satz des Pythagoras berechnet werden.

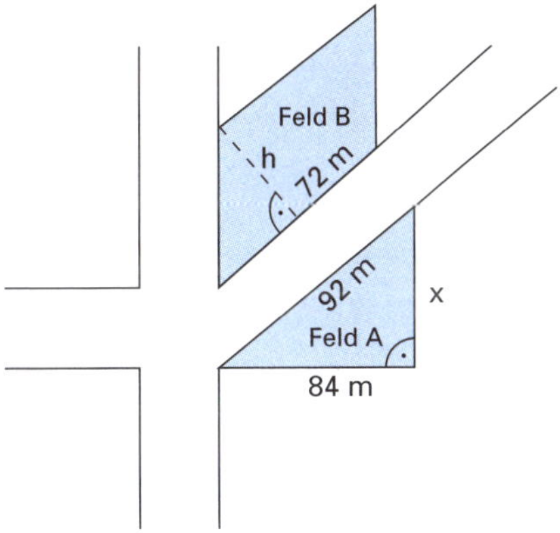

$x^2 + (84\text{ m})^2 = (92\text{ m})^2 \qquad | - (84\text{ m})^2$
$x^2 = (92\text{ m})^2 - (84\text{ m})^2$
$x^2 = 1408\text{ m}^2 \qquad | \sqrt{\ }$
$x \approx 37{,}52\text{ m}$

Jetzt kann der Flächeninhalt berechnet werden.

$A = \frac{1}{2} \cdot 84\text{ m} \cdot 37{,}52\text{ m}$

$A = 1575{,}84\text{ m}^2$ (Feld A)

$A_{\text{Feld B}} = A_{\text{Feld A}} \Rightarrow A_{\text{Feld B}} = 1575{,}84\text{ m}^2$

2. Schritt:
Berechnung der Höhe h:

$A = g \cdot h$	Flächeninhalt eines Parallelogramms

Diese Formel muss nach h aufgelöst werden.

$h = \frac{A}{g}$ $\qquad$ $A = 1575{,}84\text{ m}^2$ $\quad$ $g = 72\text{ m}$

$h = \frac{1575{,}84\text{ m}^2}{72\text{ m}}$

$h \approx 21{,}89\text{ m}$

Das Feld B muss 21,89 m breit sein, um den gleichen Flächeninhalt zu haben.

Aufgabe 5

Berechnung des Umfangs u:

1. Schritt:
Berechnung der Radien r_1 und r_2:
b_1 ist die Bogenlänge eines Halbkreises.

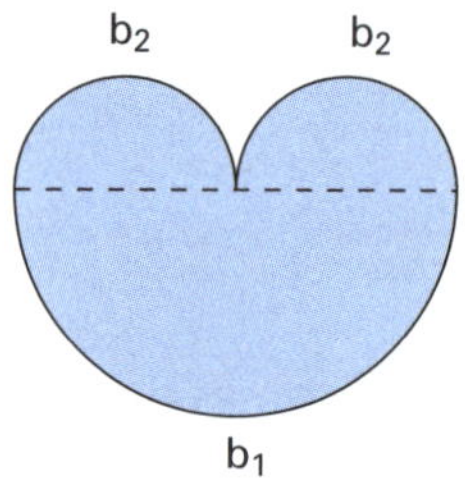

$$b_{HK} = \frac{1}{2} \cdot 2r \cdot 3{,}14$$

$$b_1 = \frac{1}{2} \cdot 2r_1 \cdot 3{,}14$$

$$b_1 = r_1 \cdot 3{,}14$$

$$25{,}12\text{ cm} = r_1 \cdot 3{,}14 \qquad | : 3{,}14$$

$$r_1 = 8\text{ cm} \quad \Rightarrow \quad r_2 = 4\text{ cm}$$

2. Schritt:
Berechnung der Bogenlänge b_2:

$$b_2 = \frac{1}{2} \cdot 2 \cdot 4\text{ cm} \cdot 3{,}14$$

$$b_2 = 12{,}56\text{ cm}$$

3. Schritt:
Berechnung des Umfangs u der Figur:

$$u = b_1 + 2 \cdot b_2$$
$$u = 25{,}12\text{ cm} + 2 \cdot 12{,}56\text{ cm}$$
$$u = 50{,}24\text{ cm}$$

Die Figur hat einen Umfang von 50,24 cm.

Berechnung des Flächeninhalts A:

Gesamtansatz: $A = A_{\text{Halbkreis 1}} + 2 \cdot A_{\text{Halbkreis 2}}$
$A = A_{\text{HK 1}} + 2 \cdot A_{\text{HK2}}$

4. Schritt:
Berechnung des Flächeninhalts der Halbkreise:

$$A_{HK1} = \frac{1}{2} \cdot (8\text{ cm})^2 \cdot 3{,}14 \qquad A_{HK2} = \frac{1}{2} \cdot (4\text{ cm})^2 \cdot 3{,}14$$

$$A_{HK1} = 100{,}48\text{ cm}^2 \qquad A_{HK2} = 25{,}12\text{ cm}^2$$

5. Schritt:
Berechnung des Flächeninhalts A der Figur:

$$A = 100{,}48\text{ cm}^2 + 2 \cdot 25{,}12\text{ cm}^2$$
$$A = 150{,}72\text{ cm}^2$$

Die Figur hat einen Flächeninhalt von 150,72 cm².

Aufgabe 6

1. Schritt:
Berechnung des Flächeninhalts $A_{\Delta ECD}$ des Dreiecks:

$A_\Delta = \frac{1}{2} \cdot 8\text{ cm} \cdot 8\text{ cm}$

$A_\Delta = 32\text{ cm}^2$

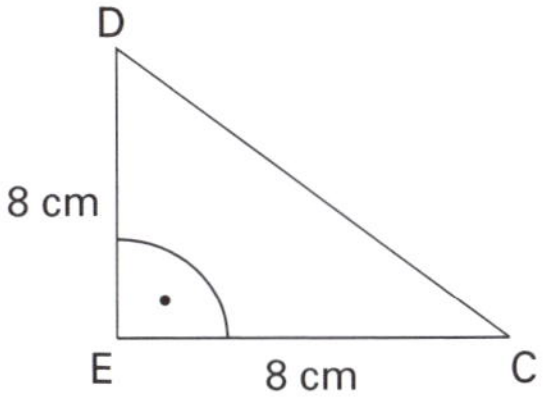

2. Schritt:
Berechnung des Flächeninhalts A_{ABCE} des Trapezes:

$$A = \frac{g_1 + g_2}{2} \cdot h$$

$h = \overline{AE}$

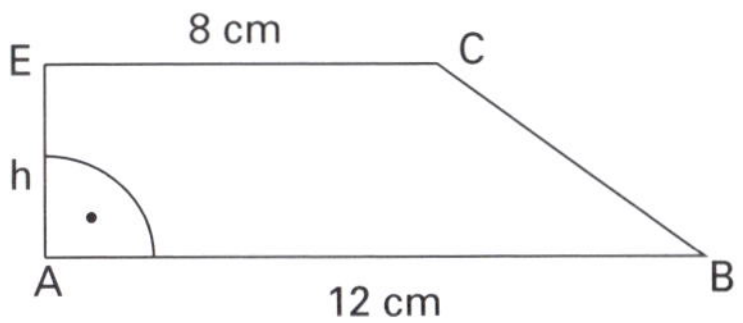

$A_T = \frac{12\text{ cm} + 8\text{ cm}}{2} \cdot \overline{AE}$

$A_T = 10\text{ cm} \cdot \overline{AE} \quad \Rightarrow \quad A_T = A_\Delta = 32\text{ cm}^2$

3. Schritt:
Berechnung von $\overline{AE}$:

$10\text{ cm} \cdot \overline{AE} = 32\text{ cm}^2 \quad | : 10\text{ cm}$

$\overline{AE} = 3{,}2\text{ cm}$

6. Berechnungen an Körpern

Aufgabe 1

1. Schritt:
Berechnung des Zylindervolumens:

$V_Z = r^2\pi \cdot h$ $\quad$ r = 4 cm, h = 10 cm $\Rightarrow$ $V_Z = (4\text{ cm})^2 \cdot \pi \cdot 10\text{ cm}$

$V_Z = 502{,}65\text{ cm}^3$

2. Schritt:
Berechnung eines Kegelvolumens:

$V_K = \frac{1}{3} r^2\pi \cdot h$ $\quad$ r = 4 cm, h = 5 cm $\Rightarrow$ $V_K = \frac{1}{3}(4\text{ cm})^2 \cdot \pi \cdot 5\text{ cm}$

$V_K = 83{,}78\text{ cm}^3$

3. Schritt:
Berechnung des Abfalls:

$V_{Abfall} = V_Z - 2 \cdot V_{Ke}$

$V_{Abfall} = 502{,}65\text{ cm}^3 - 2 \cdot 83{,}78\text{ cm}^3$

$V_{Abfall} = 335{,}09\text{ cm}^3$

Es entstehen 335,09 cm³ Abfall.

Aufgabe 2

Querschnitt des Holzstabes.

1. Schritt:
Radius r wird mit dem Satz des Pythagoras berechnet.

$a^2 + b^2 = c^2$

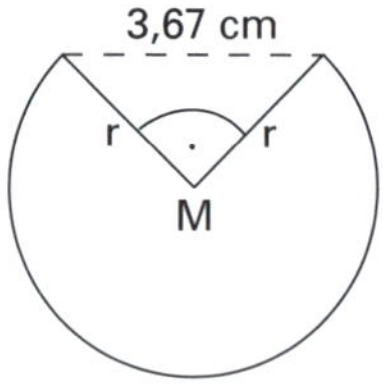

$r^2 + r^2 = (3{,}67\text{ cm})^2$

$2r^2 = 13{,}47\text{ cm}^2 \quad | : 2$

$r^2 = 6{,}74\text{ cm}^2 \quad | \sqrt{\ }$

$r \approx 2{,}6\text{ cm}$

2. Schritt:
Berechnung des Flächeninhalts der Querschnittsfläche:

I. Möglichkeit

$A = A_{Kreis} - A_{Viertelkreis}$

$A_{Kreis} = (2{,}6\text{ cm})^2 \cdot \pi$

$A_{Kreis} = 21{,}24\text{ cm}^2$

$A_{VK} = \frac{1}{4} \cdot (2{,}6\text{ cm})^2 \cdot \pi$

$A_{VK} \approx 5{,}31\text{ cm}^2$

$A = 21{,}24\text{ cm}^2 - 5{,}31\text{ cm}^2$

$A = 15{,}93\text{ cm}^2$

II. Möglichkeit

Formel:

$$A_S = \frac{\alpha}{360°} r^2 \cdot \pi$$

$\alpha = 360° - 90°$

$\alpha = 270°$

$A_S = \frac{270°}{360°} \cdot (2{,}6\text{ cm})^2 \cdot \pi$

$A_S \approx 15{,}93\text{ cm}^2$

3. Schritt:
Berechnung des Volumens:

$$V = A \cdot h$$

$A = 15{,}93\text{ cm}^2 \Rightarrow V = 15{,}93\text{ cm}^2 \cdot 200\text{ cm}$

$h = 200\text{ cm} \qquad V = 3186\text{ cm}^3$

4. Schritt:
Berechnung der Masse:

$$m = \rho \cdot V$$

$$1\text{ kg} = 1000\text{ g}$$

$m = 0{,}73\ \frac{\text{g}}{\text{cm}^3} \cdot 3186\text{ cm}^3$

$m = 2325{,}78\text{ g}$) : 1000

$m = 2{,}33\text{ kg}$

Der Holzstab ist 2,33 kg schwer.

Aufgabe 3

6,5 dm = 65 cm

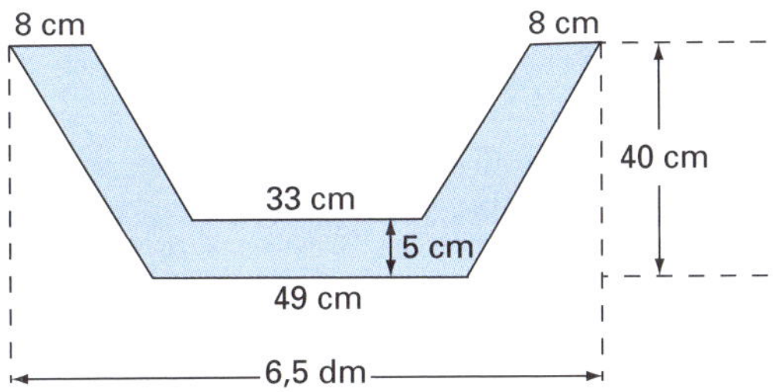

1. Schritt:
Berechnung des Inhalts der Querschnittsfläche:

$A = A_{Trapez\,1} - A_{Trapez\,2}$

$$A_{Tr} = \frac{a + c}{2} \cdot h$$

Trapez 1
a = 65 cm
c = 49 cm
h = 40 cm

$A_{Tr.\,1} = \frac{65\text{ cm} + 49\text{ cm}}{2} \cdot 40\text{ cm}$

$A_{Tr.\,1} = 2280\text{ cm}^2$

Trapez 2
a = 65 cm – 2 · 8 cm = 49 cm
c = 33 cm
h = 40 cm – 5 cm = 35 cm

$A_{Tr.\,2} = \frac{49\text{ cm} + 33\text{ cm}}{2} \cdot 35\text{ cm}$

$A_{Tr.\,2} = 1435\text{ cm}^2$

$A = 2280\text{ cm}^2 - 1435\text{ cm}^2$

$A = 845\text{ cm}^2$

2. Schritt:
Berechnung des Volumens der Betonrinne:

$V = 845\text{ cm}^2 \cdot 80\text{ cm}$

$V = 67\,600\text{ cm}^3$

3. Schritt:
Berechnung der Masse:

$$m = \rho \cdot V$$

$m = 2{,}1\,\frac{\text{g}}{\text{cm}^3} \cdot 67\,600\text{ cm}^3$

$m = 141\,960\text{ g}$) : 1000

$m = 141{,}96\text{ kg}$

Eine Betonrinne ist 141,96 kg schwer.

4. Schritt:
Überprüfung der Ladekapazität:

1 Betonrinne wiegt 141,96 kg.
12 Betonrinnen wiegen 141,96 kg · 12 = 1703,52 kg.

1 t = 1000 kg ⇒ 1703,52 kg = 1,7 t

1,7 t > 1,6 t

Der Kleintransporter kann nicht alle 12 Betonrinnen transportieren.

Aufgabe 4

a) **1. Schritt:**
Berechnung von Radius r und Höhe h:

$h = 2r$

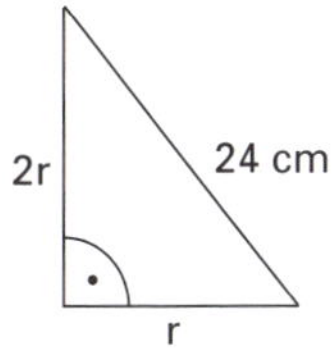

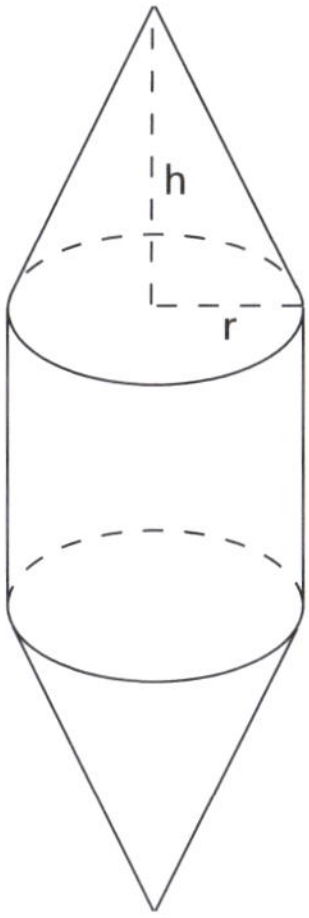

Nach dem Satz des Pythagoras gilt:

$r^2 + (2r)^2 = (24\text{ cm})^2$

$5r^2 = 576\text{ cm}^2 \quad | :5$

$r^2 = 115{,}2\text{ cm}^2 \quad | \sqrt{\ }$

$r \approx 10{,}73\text{ cm} \quad \Rightarrow \quad h = 21{,}46\text{ cm}$

2. Schritt:
Berechnung des Volumens:

$V = V_Z + 2 \cdot V_K$

Kegel

$r = 10{,}73\text{ cm},\ h = 21{,}46\text{ cm}$

$V_K = \frac{1}{3} r^2\pi \cdot h$

$V_K = \frac{1}{3} \cdot (10{,}73\text{ cm})^2 \cdot \pi \cdot 21{,}46\text{ cm}$

$V_K \approx 2587{,}37\text{ cm}^3$

Zylinder

$r = 10{,}73\text{ cm},\ h = 21{,}46\text{ cm}$

$V_Z = r^2\pi \cdot h$

$V_Z = (10{,}73\text{ cm})^2\ \pi \cdot 21{,}46\text{ cm}$

$V_Z \approx 7762{,}10\text{ cm}^3$

$V = 7762{,}10\text{ cm}^3 + 2 \cdot 2587{,}37\text{ cm}^3$

$V = 12\,936{,}84\text{ cm}^3$

Das Volumen beträgt 12 936,84 cm^3.

b) Die Oberfläche wird von der Zylindermantelfläche und den beiden Kegelmantelflächen gebildet.

Kegel

$$M = r \cdot \pi \cdot s$$

$r = 10{,}73$ cm, $s = 24$ cm

$M_K = 10{,}73 \text{ cm} \cdot \pi \cdot 24 \text{ cm}$
$M_K = 809{,}02 \text{ cm}^2$

Zylinder

$$M = 2r \cdot \pi \cdot h$$

$r = 10{,}73$ cm, $h = 21{,}46$ cm

$M_Z = 2 \cdot 10{,}73 \text{ cm} \cdot \pi \cdot 21{,}46 \text{ cm}$
$M_Z = 1446{,}80 \text{ cm}^2$

$O = M_Z + 2 \cdot M_K$
$O = 1446{,}80 \text{ cm}^2 + 2 \cdot 809{,}02 \text{ cm}^2$
$O = 3064{,}84 \text{ cm}^2$

Das Werkstück hat einen Oberflächeninhalt von $3064{,}84 \text{ cm}^2$.

Aufgabe 5

a) Der Durchmesser eines Kreises beträgt 12 cm : 3 = 4 cm.
⇒ Der Holzbalken muss 2 · 4 cm = 8 cm hoch sein.

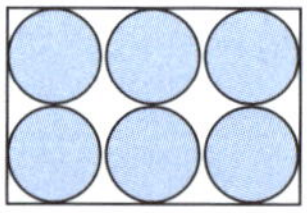

12 cm

b) $$V_Z = r^2\pi \cdot h$$

$r = 2$ cm $h = 0{,}6 \text{ m} = 60 \text{ cm}$

$V = (2 \text{ cm})^2 \cdot \pi \cdot 60 \text{ cm}$
$V = 753{,}98 \text{ cm}^3$

$753{,}98 \text{ cm}^3 \cdot 6 = 4523{,}88 \text{ cm}^3$

Die sechs Zylinder haben zusammen ein Volumen von $4523{,}88 \text{ cm}^3$.

c) **1. Schritt:**
Berechnung des Quadervolumens:

$$V = a \cdot b \cdot c$$

$a = 12$ cm $b = 8$ cm $c = 60$ cm

$V = 12 \text{ cm} \cdot 8 \text{ cm} \cdot 60 \text{ cm}$
$V = 5760 \text{ cm}^3$

2. Schritt:
Berechnung des Abfalls:

$V_{Abfall} = 5760 \text{ cm}^3 - 4523{,}88 \text{ cm}^3$
$V_{Abfall} = 1236{,}12 \text{ cm}^3$

d) Berechnung des Würfelvolumens:

$$V = a^3$$

$a = 11$ ⇒ $V_{Würfel} = (11 \text{ cm})^3$
$V_{Würfel} = 1331 \text{ cm}^3$

$1331 \text{ cm}^3 > 1236{,}12 \text{ cm}^3$

Der Abfall als Sägemehl passt in den Würfel.

Aufgabe 6

a) **1. Schritt:**
Berechnung der Pyramidenhöhe h_p:

I. Möglichkeit

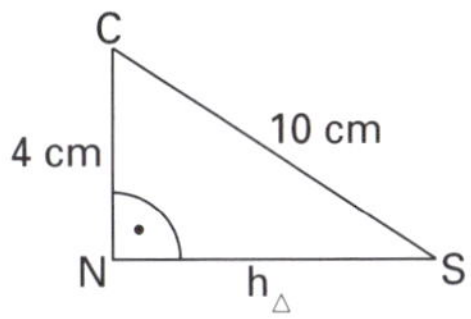

$h_\triangle^2 = (10\text{ cm})^2 - (4\text{ cm})^2$ (Pythagoras)
$h_\triangle = 9{,}17\text{ cm}$

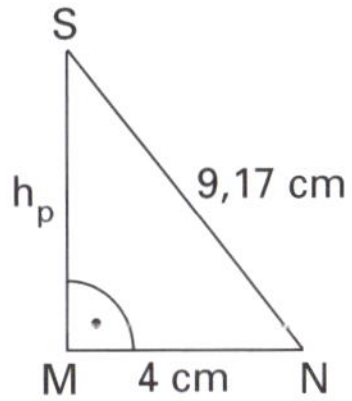

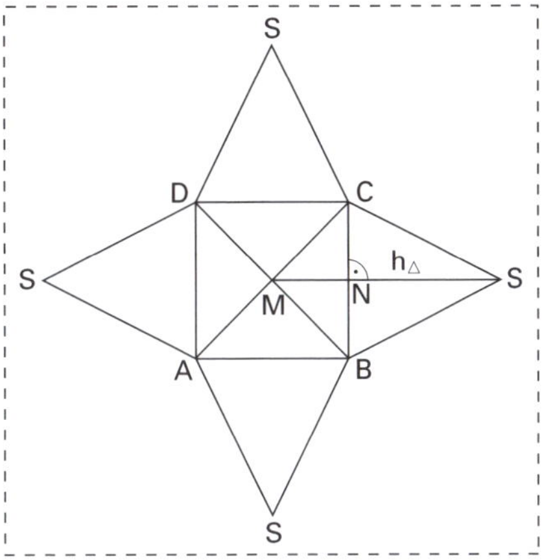

$h_p^2 = (9{,}17\text{ cm})^2 - (4\text{ cm})^2$ (Pythagoras)
$h_p = 8{,}25\text{ cm}$

II. Möglichkeit

[MB] ist die halbe Diagonale eines Quadrates mit der Seitenlänge 8 cm.

$d = a \cdot \sqrt{2}$ $\Rightarrow$ $d = 8\text{ cm} \cdot \sqrt{2}$
$d = 11{,}31\text{ cm}$ $\Rightarrow$ $\overline{MB} = 5{,}66\text{ cm}$

$h_p^2 = (10\text{ cm})^2 - (5{,}66\text{ cm})^2$
$h_p = 8{,}24\text{ cm}$ Wegen verschiedener Lösungsmöglichkeiten können sich die Ergebnisse unterscheiden.

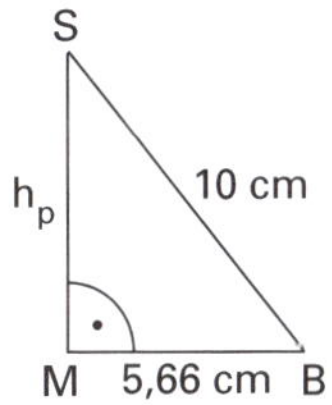

2. Schritt:
Berechnung des Pyramidenvolumens:

$V = \frac{1}{3} G \cdot h$ $\Rightarrow$ $V = \frac{1}{3} (8\text{ cm})^2 \cdot 8{,}24\text{ cm}$
$V = 175{,}79\text{ cm}^3$

Die Pyramide hat ein Volumen von $175{,}79\text{ cm}^3$.

b) 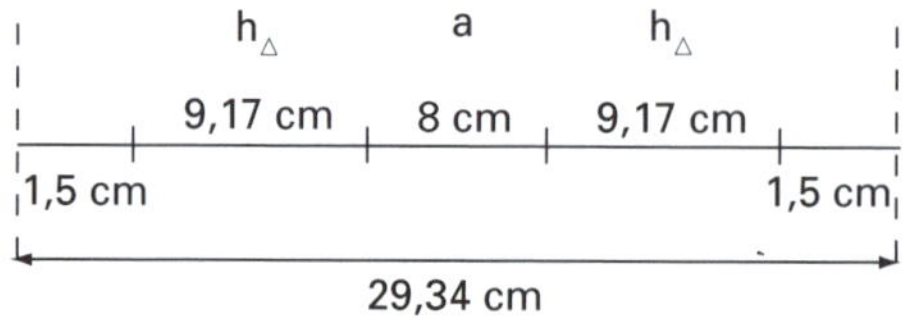

$A = (29{,}34\ \text{cm})^2$
$A = 860{,}84\ \text{cm}^2$

Das quadratische Stück Pappe muss einen Flächeninhalt von 861 cm² haben.

7. Zuordnungen – Direkte und indirekte Proportionalität

Aufgabe 1

a) Anhand der Zahlenpaare (0,5 I 72) und (4 I 9) erkennt man, dass es sich um Produktgleichheit handelt.

$x \cdot y = 36$
$0{,}5 \cdot 72 = 36$
$4 \cdot 9 = 36$

Es liegt also eine indirekte Proportionalität vor: $x \cdot y =$ konstant

x	0,5	1	-2	3	4	6	5
y	72	36	-18	12	9	6	7,2

b) Anhand der Zahlenpaare (-6 I -9) und (12 I 18) erkennt man, dass es sich um Quotientengleichheit handelt.

$\frac{y}{x} = 1{,}5$

Es liegt also eine direkte Proportionalität vor: $\frac{y}{x} =$ konstant

$\frac{-9}{-6} = 1{,}5$

$\frac{18}{12} = 1{,}5$

x	-2	0,4	-6	$5\frac{1}{3}$	10	12	18
y	-3	0,6	-9	8	15	18	27

Aufgabe 2

Lösung mit dem Dreisatz:

$$
\begin{aligned}
&:25\ \ 25\text{ mph} \triangleq 40\,\frac{\text{km}}{\text{h}} \quad :25\\
&\cdot 72\ \ 1\text{ mph} \triangleq \frac{40}{25}\,\frac{\text{km}}{\text{h}} \quad \cdot 72\\
&72\text{ mph} \triangleq \frac{40 \cdot 72}{25}\,\frac{\text{km}}{\text{h}}\\
&= 115{,}2\,\frac{\text{km}}{\text{h}}
\end{aligned}
$$

Das Auto würde mit einer Geschwindigkeit von 115,2 $\frac{\text{km}}{\text{h}}$ fahren.

Aufgabe 3

a) **Dreisatz** oder **Produktgleichheit**

Dreisatz:

$$
\begin{aligned}
&:22\ \ 22\text{ l/Tag} \triangleq 210\text{ Tage} \quad \cdot 22\\
&\cdot 27\ \ 1\text{ l/Tag} \triangleq 210 \cdot 22\text{ Tage} \quad :27\\
&27\text{ l/Tag} \triangleq \frac{210 \cdot 22}{27}\text{ Tage}\\
&= 171{,}1\text{ Tage}
\end{aligned}
$$

Der Ölvorrat würde für 171 Tage reichen.

Produktgleichheit:

$$
\begin{aligned}
22\text{ l} \cdot 210\text{ Tage} &= 27\text{ l} \cdot x \quad \mid :27\text{ l}\\
\frac{22\text{ l} \cdot 210\text{ Tage}}{27\text{ l}} &= x\\
x &= 171{,}1\text{ Tage}
\end{aligned}
$$

b) **Dreisatz** oder **Produktgleichheit**

Dreisatz:

$$
\begin{aligned}
&:210\ \ 210\text{ Tage} \triangleq 22\text{ l/Tag} \quad \cdot 210\\
&\cdot 280\ \ 1\text{ Tag} \triangleq 210 \cdot 22\text{ l/Tag} \quad :280\\
&280\text{ Tage} \triangleq \frac{210 \cdot 22}{280}\text{ l/Tag}\\
&= 16{,}5\text{ l/Tag}
\end{aligned}
$$

Man würde täglich 16,5 Liter brauchen.

Produktgleichheit:

$$
\begin{aligned}
210 \cdot 22\text{ l/Tag} &= 280 \cdot x \quad \mid :280\\
\frac{210 \cdot 22}{280}\text{ l/Tag} &= x\\
x &= 16{,}5\text{ l/Tag}
\end{aligned}
$$

Aufgabe 4

1. Schritt:
Berechnung der Fahrzeit:

$$
\begin{aligned}
&80\text{ km in } 1\text{ h}\\
&1\text{ km in } \frac{1}{80}\text{ h}\\
&280\text{ km in } \frac{1 \cdot 280}{80}\text{ h} = 3{,}5\text{ h}
\end{aligned}
$$

Der Pkw-Fahrer braucht 3,5 Stunden und will nun die gleiche Strecke in 3 Stunden fahren.

2. Schritt:
Berechnung der neuen Durchschnittsgeschwindigkeit:

$s = v \cdot t$ Weg ist Geschwindigkeit mal Zeit

Der Weg bleibt gleich: $s_1 = s_2 = 280$ km

$t_1 = 3{,}5$ h $t_2 = 3$ h $v_1 = 80\,\frac{km}{h}$

Produktgleichheit:

$$v_1 \cdot t_1 = v_2 \cdot t_2$$

$$80\,\frac{km}{h} \cdot 3{,}5\,h = v_2 \cdot 3\,h \quad |:3\,h$$

$$v_2 = \frac{80 \cdot 3{,}5}{3}\,\frac{km}{h}$$

$$v_2 = 93{,}33\,\frac{km}{h}$$

Das Auto muss mit $93{,}33\,\frac{km}{h}$ fahren.

Aufgabe 5

a)

		1000 kWh	1500 kWh	3000 kWh
A 17,6 ct pro kWh	Grundpreis	6,50 €	6,50 €	6,50 €
	Verbrauch	176,00 €	264,00 €	528,00 €
	Endpreis	182,50 €	270,50 €	534,50 €
B 17,5 ct pro kWh	Grundpreis	8,00 €	8,00 €	8,00 €
	Verbrauch	175,00 €	262,50 €	525,00 €
	Endpreis	183,00 €	270,50 €	533,00 €

b) Verbrauch 1000 kWh: Kosten A < Kosten B
Verbrauch 1500 kWh: Kosten A = Kosten B
Verbrauch 3000 kWh: Kosten A > Kosten B

Ich würde mich bei einem Verbrauch von 3000 kWh für Angebot B entscheiden, weil die Kosten niedriger sind.

c) Die Zeichnung ③ trifft am ehesten zu, weil B anfangs teurer ist als A (siehe auch Tabelle) und ab einem gewissen Betrag (siehe Tabelle: 1500 kWh) billiger wird.
Die Gerade von B verläuft dann unterhalb der Geraden von A.

① ist falsch, weil dort der Grundpreis von B niedriger wäre als der von A.

② ist falsch, weil die Preisentwicklung nicht linear, sondern mit einer gekrümmten Linie dargestellt wird.

Aufgabe 6

I. Möglichkeit

Zufluss 1: 200 l in der Minute ⇒ 60 · 200 l = 12 000 l in der Stunde

Zufluss 1:	12 000 l/h
Zufluss 2:	3 000 l/h
Gesamt:	15 000 l/h

Lösung mit dem Dreisatz:

$$
\begin{aligned}
&: 12\,000 \quad & 12\,000\ \text{l/h} &\triangleq 3\ \text{Tage} & \cdot 12\,000\\
& & 1\ \text{l/h} &\triangleq 12\,000 \cdot 3\ \text{Tage} & \\
&\cdot 15\,000 \quad & 15\,000\ \text{l/h} &\triangleq \frac{12\,000 \cdot 3}{15\,000}\ \text{Tage} & : 15\,000\\
& & &= 2{,}4\ \text{Tage} &
\end{aligned}
$$

II. Möglichkeit

Zufluss 2: 3000 l/h ⇒ $\frac{3000}{60}$ l/min = 50 l/min

Zufluss 1:	200 l/min
Zufluss 2:	50 l/min
Gesamt:	250 l/min

Lösung mit dem Dreisatz:

$$
\begin{aligned}
&: 200 \quad & 200\ \text{l/min} &\triangleq 3\ \text{Tage} & \cdot 200\\
& & 1\ \text{l/min} &\triangleq 200 \cdot 3\ \text{Tage} & \\
&\cdot 250 \quad & 250\ \text{l/min} &\triangleq \frac{200 \cdot 3}{250}\ \text{Tage} & : 250\\
& & &= 2{,}4\ \text{Tage} &
\end{aligned}
$$

III. Möglichkeit (Produktgleichheit)

Zufluss 1 · Zeit 1 = Zufluss (1 + 2) · Zeit 2

$$
\begin{aligned}
12\,000\ \text{l} \cdot 3\ \text{Tage} &= 15\,000\ \text{l} \cdot x \qquad | : 15\,000\ \text{l}\\
x &= \frac{12\,000\ \text{l} \cdot 3\ \text{Tage}}{15\,000\ \text{l}}\\
x &= 2{,}4\ \text{Tage}
\end{aligned}
$$

Der Füllvorgang würde 2,4 Tage dauern.

8. Interpretation von Tabellen, Graphen, Schaubildern

Aufgabe 1

a) $12 - 7 = 5$

Fünf Dreiecke haben keine besondere Form.

b) $27 - (6 + 2 + 4 + 3 + 5) = 27 - 20 = 7$

Sieben Parallelogramme sind im Schaukasten.

c) $12 + 27 = 39$

Insgesamt sind 39 Dreiecke und Vierecke im Schaukasten.

d) Alle 39 Dreiecke und Vierecke haben einen Punkt A.
Nur 27 Vierecke haben einen Punkt D.
⇒ A kommt 39-mal vor.
D kommt 27-mal vor.

Aufgabe 2

Summe aller Prozentwerte:
$20\ \% + 25\ \% + 35\ \% + 20\ \% + 5\ \% = 105\ \%$
Katja hat 5% zu viel gezeichnet. Es kann bei dieser Fragestellung aber nicht entschieden werden, bei welcher Altersgruppe der Fehler liegt.

Aufgabe 3

a) Die wenigsten Bundesbürger/-innen erwerbstätig: 2003 mit 39,24 Mio.
Die meisten Bundesbürger/-innen erwerbstätig: 2019 mit 45,24 Mio.

b) Der Anstieg der Erwerbstätigkeit war mit einer Steigerung von über einer Million von 2015 (43,12 Mio.) auf 2017 (44,25 Mio.) am stärksten.

c) Im Jahr 2019 waren 45,24 Mio. Menschen in Deutschland erwerbstätig. 4,5 % davon waren verbeamtet.

I. Möglichkeit
Dreisatz:

$$100\ \% \triangleq 45{,}24\text{ Mio.}$$

$$1\ \% \triangleq \frac{45{,}24\text{ Mio.}}{100}$$

$$4{,}5\ \% \triangleq \frac{45{,}24\text{ Mio.} \cdot 4{,}5}{100}$$

$$\approx 2{,}04\text{ Mio.}$$

II. Möglichkeit
Formel:
$GW = 45{,}24\text{ Mio.},\quad p = 4{,}5\ \%$

$$PW = \frac{GW \cdot p}{100}$$

$$PW = \frac{45{,}24\text{ Mio.} \cdot 4{,}5}{100}$$

$$PW = 2{,}04$$

Im Jahr 2019 waren etwa 2,04 Mio. Bundesbürger/-innen als Beamte/Beamtinnen tätig.

Training

d) Die Addition der Prozentwerte müsste eigentlich 100 % ergeben.
75,5 % + 10,5 % + 9,4 % + 4,5 % = 99,9 %
Da es sich um gerundete Werte handelt, um den Graphen übersichtlich zu halten, kann es sein, dass die Summe nicht genau 100 % ergibt.

Aufgabe 4

Es muss zugeordnet werden:

A → ②

Zuerst wird der Zylinder leer, die Höhe nimmt linear ab. Dann wird der Kegel leer, wobei die Wasserhöhe immer schneller abnimmt.

B → ④

Zuerst wird der Kegel leer, die Wasserhöhe nimmt immer langsamer ab. Dann wird der Zylinder leer, die Wasserhöhe nimmt linear ab.

C → ⑤

In beiden Zylindern nimmt die Wasserhöhe linear ab. Der obere Zylinder ist der größere, also nimmt dort die Wasserhöhe langsamer ab als im unteren Zylinder.

D → ③

Im oberen Kegel nimmt die Wasserhöhe immer langsamer ab, im unteren Kegel immer schneller.

Die Grafik ① passt zu keinem der vier Gefäße.

Aufgabe 5

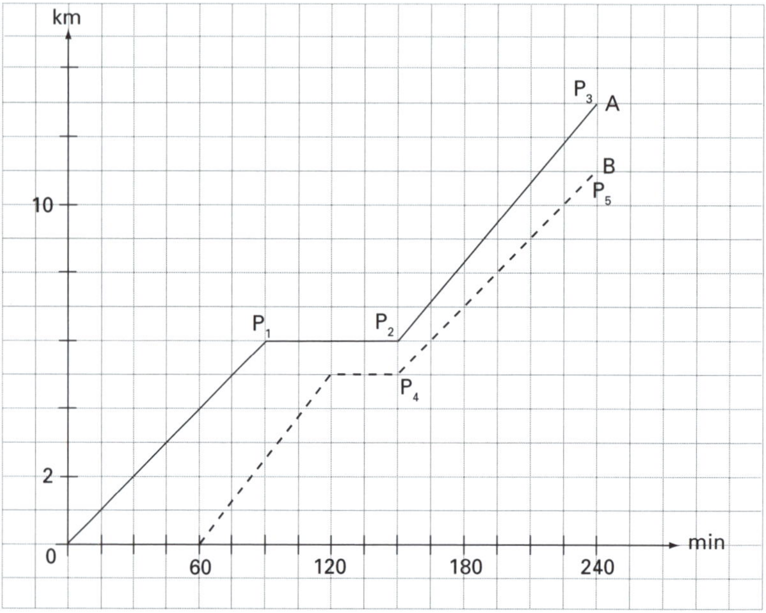

a) A ist 13 km gelaufen, B ist 11 km gelaufen.

b) Pause von A: 1 Stunde

Pause von B: $\frac{1}{2}$ Stunde

c) A ist 4 Stunden unterwegs, B ist 3 Stunden unterwegs.

d) Laufzeit von A: 3 Stunden

Laufzeit von B: $2\frac{1}{2}$ Stunden

e) Geschwindigkeit v_A von A:

$$3\text{ h} \triangleq 13\text{ km} \quad (:3)$$
$$1\text{ h} \triangleq \frac{13}{3}\text{ km}$$

$$\Rightarrow \quad v_A = 4{,}33\ \frac{\text{km}}{\text{h}}$$

Geschwindigkeit v_B von B:

$$2{,}5\text{ h} \triangleq 11\text{ km} \quad (:25)$$
$$1\text{ h} \triangleq \frac{11}{2{,}5}\text{ km}$$

$$v_B = 4{,}4\ \frac{\text{km}}{\text{h}}$$

f) A läuft in der zweiten Phase (von P_2 bis P_3) schneller, weil die Strecke $[P_2P_3]$ steiler verläuft als die Strecke $[0P_1]$.

g) Die Strecken $[0P_1]$ und $[P_4P_5]$ sind zueinander parallel. ⇒ Wanderer A hat vor der Pause die gleiche Geschwindigkeit wie Wanderer B nach der Pause.

h) Die Wanderer treffen sich nicht, weil sich die Graphen nicht schneiden.

Aufgabe 6

a) Eine Prozentangabe bezieht sich stets auf das Ganze (auf einen Grundwert).
Da die Einwohnerzahlen nicht gleich sind, ergeben die 3,7 % jeweils verschiedene Werte.

b) **Baden-Württemberg**

$100\ \% \triangleq 10\,786\,227$ E.

$3{,}7\ \% \triangleq \frac{10\,786\,227 \cdot 3{,}7}{100}$ E.

$= 399\,090$ Einwohner

Bayern

$100\ \% \triangleq 12\,595\,891$ E.

$3{,}7\ \% \triangleq \frac{12\,595\,891 \cdot 3{,}7}{100}$ E.

$= 466\,048$ Einwohner

Im Dezember 2011 waren in Baden-Württemberg 399 090 Einwohner arbeitslos, in Bayern waren es 466 048 Einwohner.

9. Konstruktionen (auch im Koordinatensystem)

Aufgabe 1

In die Planfigur werden die gegebenen Stücke farbig eingezeichnet.

Planfigur

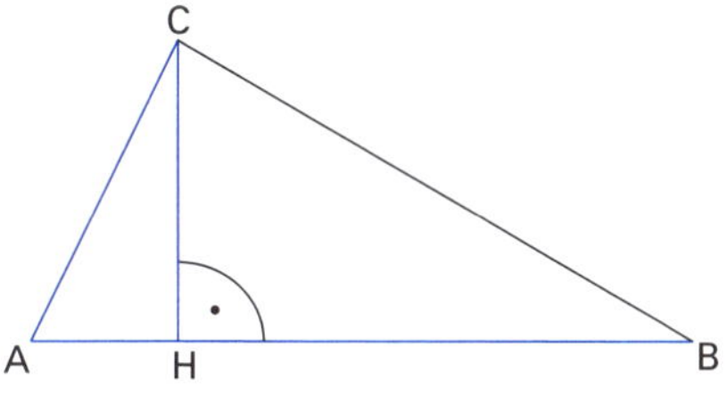

Konstruktionsbeschreibung

1. Mit c erhält man die Strecke [AB].
2. Zeichnen einer Parallele p zu [AB] im Abstand h.
3. Zeichnen eines Kreises k um A mit Radius b.
4. Schnittpunkt von k mit p ergibt den Punkt C.

Konstruktion

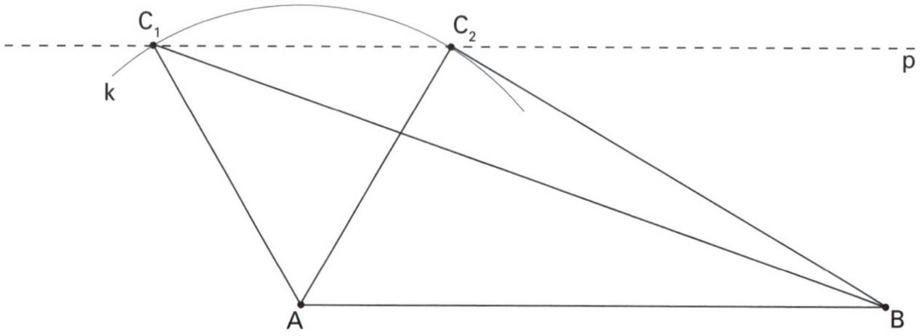

Der Kreis schneidet die Parallele p zweimal. $\Rightarrow$ Es gibt zwei Dreiecke ABC_1 und ABC_2.

Aufgabe 2

a)

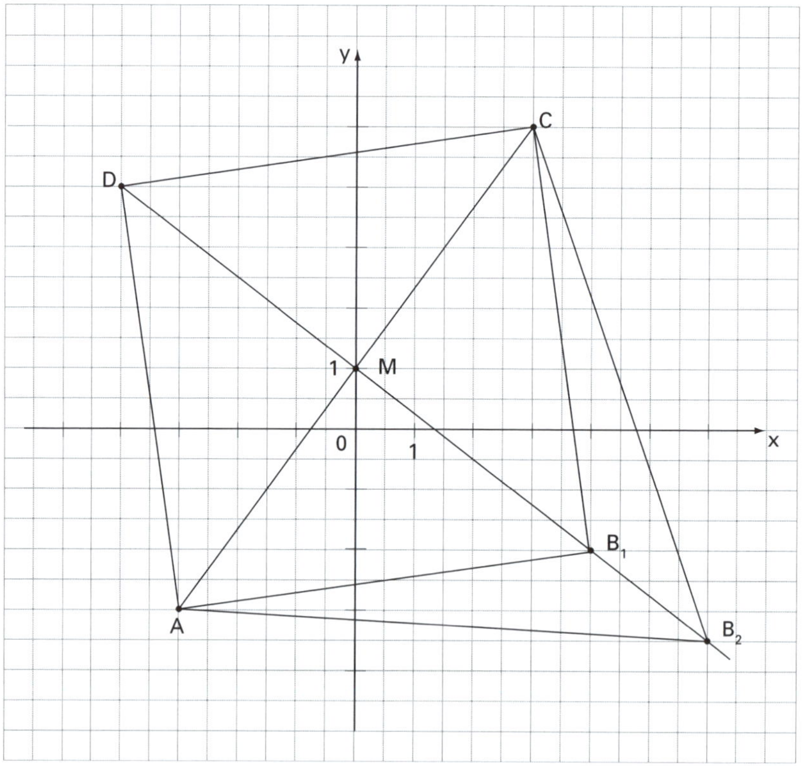

b) B_1 liegt auf der Senkrechten zu [AC] durch den Punkt D und es muss gelten:

$\overline{MB_1} = \overline{MD}$

B_1 (4 I -2)

c) B_2 liegt auch auf dieser Senkrechten. Er kann links oder rechts von B_1 liegen, aber nicht auf der Strecke [DM].

Aufgabe 3

Planfigur

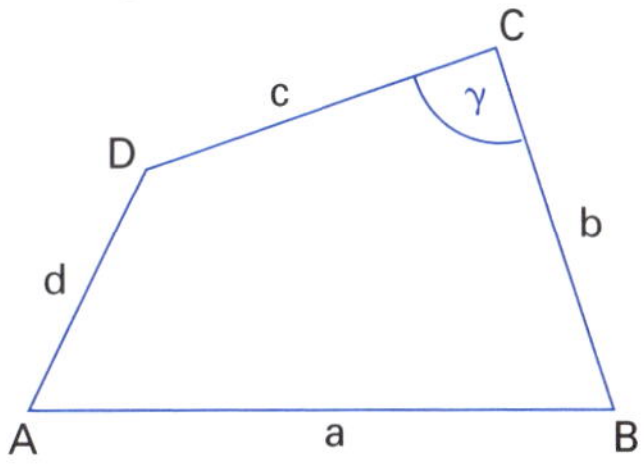

Konstruktionsbeschreibung

1. Mit b erhält man [BC].
2. An C den Winkel γ antragen ⇒ [CD
3. Kreis um C mit Radius c schneidet [CD im Punkt D.
4. Die Kreise um D mit Radius d und um B mit Radius a schneiden sich in A.

Konstruktion

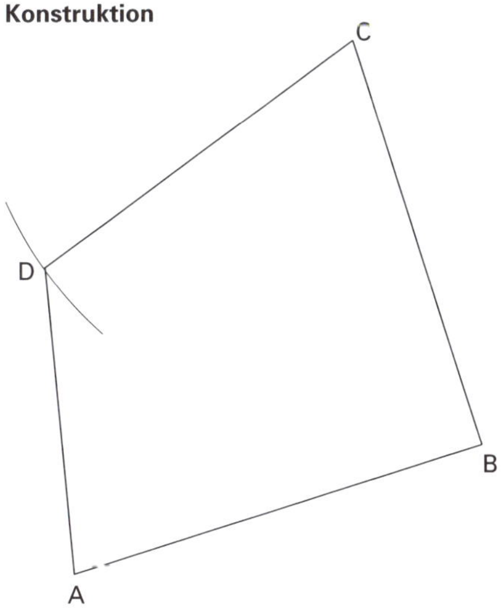

Aufgabe 4

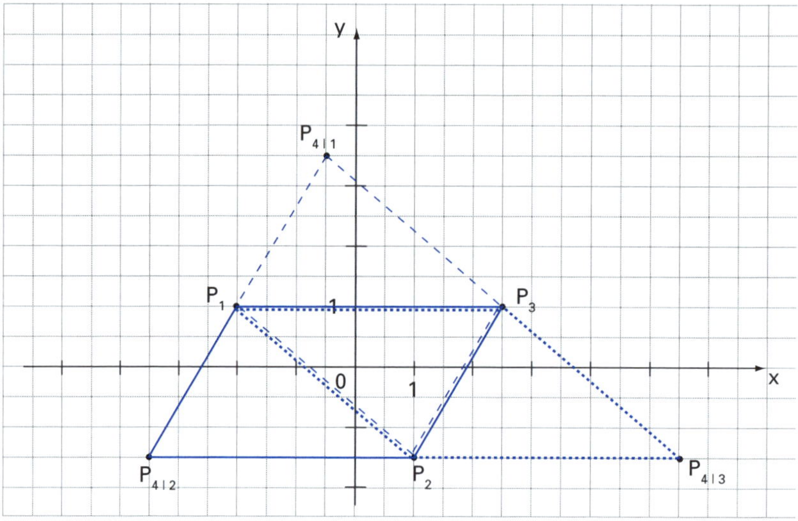

Parallelogramme:

- - - - $P_1P_2P_3\ P_{4|1}$ — $P_{4|1}$ (-0,5 | 3,5)

—— $P_1P_{4|2}P_2P_3$ — $P_{4|2}$ (-3,5 | -1,5)

········ $P_1P_2P_{4|3}P_3$ — $P_{4|3}$ (5,5 | -1,5)

Aufgabe 5

a)

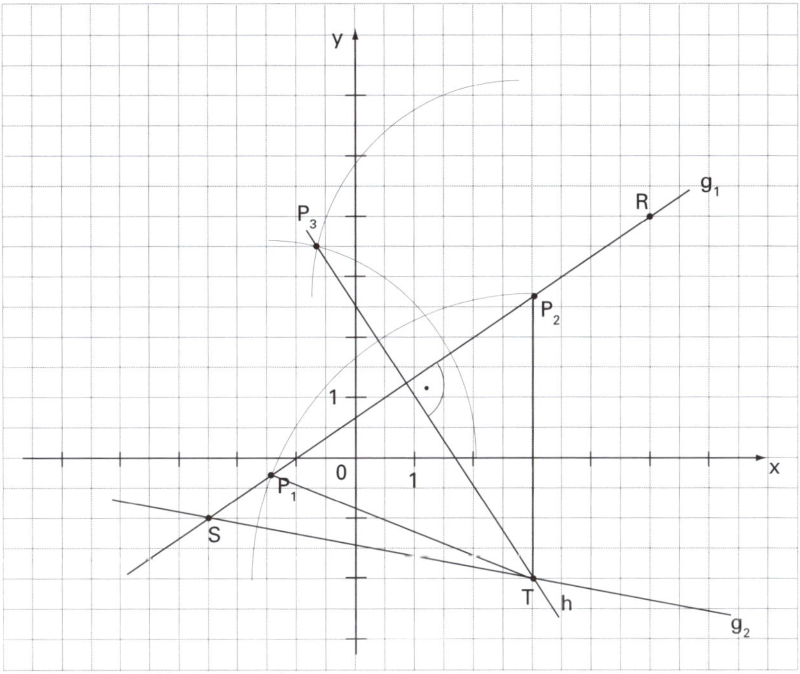

b) Der Kreisbogen um T schneidet g_1 in P_1 und P_2. Der Kreis um P_1 mit dem Radius $r > \frac{1}{2}\overline{P_1P_2}$ und der Kreis um P_2 mit dem gleichen Radius r schneiden sich im Punkt P_3. Die Gerade durch P_3 und T ist die gesuchte Senkrechte h zu g_1.

c) $\overline{TP_1} = \overline{TP_2}$
Das Dreieck P_1TP_2 ist also gleichschenklig.

Aufgabe 6

a) + b)

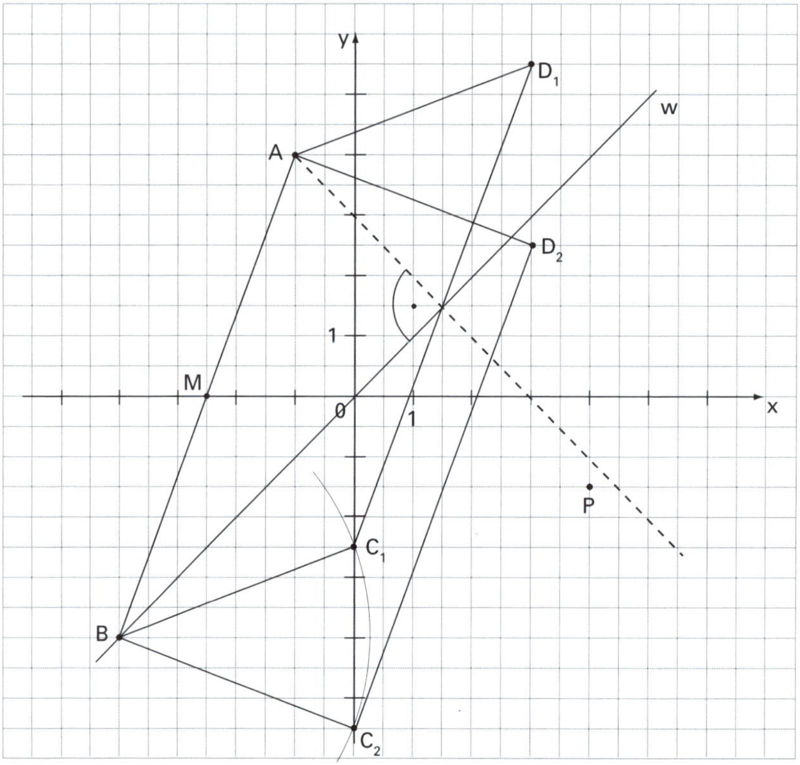

c) Die Senkrechte (gestrichelte Linie) zu w durch A verläuft nicht durch P. A und P sind also keine Spiegelpunkte.

d) M (-2,5 I 0)

e) Der Kreis um B mit Radius $r = \frac{1}{2}\overline{AB} = \overline{BM}$ schneidet die y-Achse in den Punkten C_1 und C_2.
C_1 (0 I -2,5), C_2 (0 I -5,5), D_1 (3 I 5,5), D_2 (3 I 2,5)

10. Wahrscheinlichkeit

Aufgabe 1

a) $M_{\text{Münze}} = \{K, Z\}$

b) $M_{\text{Würfel}} = \{1, 2, 3, 4, 5, 6\}$

c) $M_{\text{Glücksrad}} = \{A, B, C, D, E\}$

Aufgabe 2

a) $M_{\text{gerade Zahlen}} = \{2, 4, 6, 8, 10, 12\}$

b) $M_{\text{ungerade Zahlen}} = \{1, 3, 5, 7, 9, 11\}$

c) $M_{\text{geteilt durch 4}} = \{4, 8, 12\}$

d) $M_{\text{Primzahlen}} = \{2, 3, 5, 7, 11\}$

Aufgabe 3

a) $M_{\text{zweimaliges Ziehen}} = \{ww, wr, ws, wb, rr, rw, rs, rb, ss, sw, sr, sb, bb, bw, bs, br\}$

b) $M_{\text{gleiche Farbe}} = \{ww, rr, ss, bb\}$

c) $M_{\text{unterschiedliche Farben}} = \{wr, ws, wb, rw, rs, rb, sw, sr, sb, bw, bs, br\}$

d) Der Ergebnisraum von b) ist das Gegenereignis zu c).
Der Ergebnisraum von c) ist das Gegenereignis zu b).

Aufgabe 4

a) Baumdiagramm:

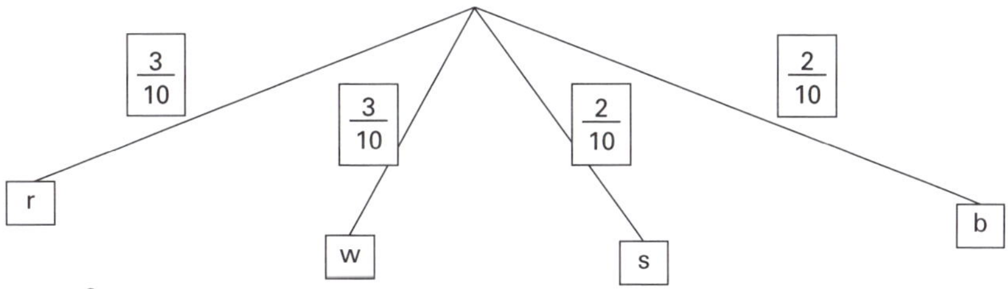

b) $P(r) = \frac{3}{10}$

c) $P(b) = \frac{2}{10}$

d) $P(\overline{w}) = \frac{3}{10} + \frac{2}{10} + \frac{2}{10} = \frac{7}{10}$

Aufgabe 5

a) $P(1) = \frac{1}{4}$

b) $P(\bar{3}) = \frac{3}{4}$

c) $P(4o5) = \frac{1}{4}$

d) $P(4) = \frac{1}{8}$

e) $P(\bar{5}) = \frac{7}{8}$

Aufgabe 6

a) Baumdiagramm für Luisas Wahl:

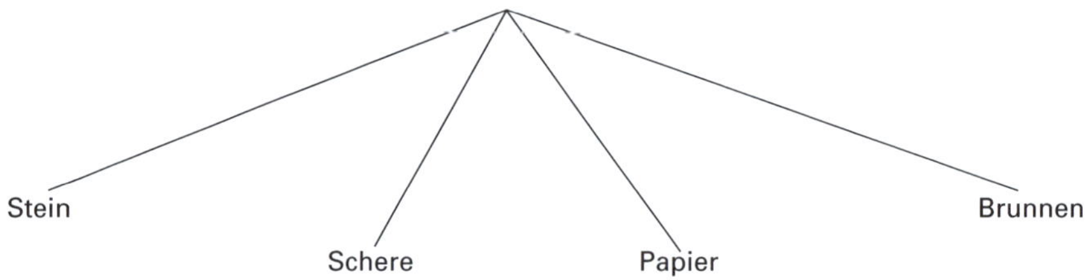

b) Baumdiagramm Gewinnchancen:

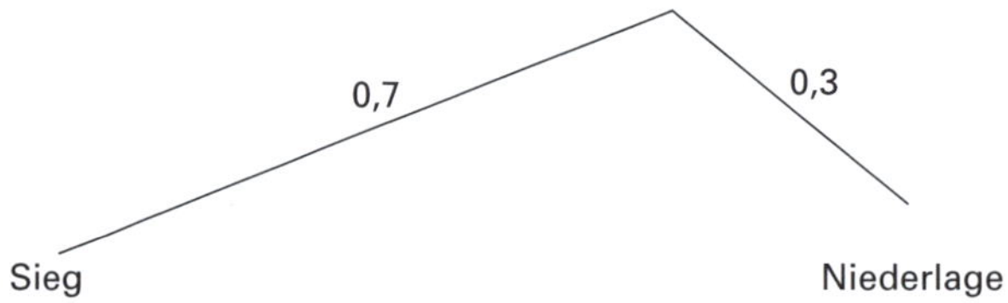

c) Luisa hat recht. Hat Joel die Schere gewählt, bleiben ihr 2 Möglichkeiten zu siegen, nämlich Brunnen und Stein. So hat sie eine größere Wahrscheinlichkeit zu gewinnen.

Teil A

Aufgabe 1

a) $5{,}3 \cdot 4{,}2 = 22{,}26$

b) $138{,}19 - 79{,}36 = 58{,}83$

Aufgabe 2

$V_K = \frac{1}{3} \cdot r^2 \cdot \pi \cdot h = \frac{1}{3} \cdot (3\text{ cm})^2 \cdot 3 \cdot 6\text{ cm} = 54\text{ cm}^3$

$54\text{ cm}^3 = 0{,}054\text{ dm}^3$
$54\text{ cm}^3 = 54\,000\text{ mm}^3$

$1\text{ dm}^3 = 1000\text{ cm}^3$
$1\text{ cm}^3 = 1000\text{ mm}^3$

Aufgabe 3

$-3 \cdot (2y + 2) = -18$
$-6y \underline{+} 6 = -18$ $\qquad \underline{-6y - 6 = -18}$
$-6y = -12$
$y = 2$

Aufgabe 4

$100\ \% = 1{,}5\text{ m}$

$: 100$ ($100\ \% \mathrel{\hat{=}} 150\text{ cm}$) $: 100$
$1\ \% \mathrel{\hat{=}} 1{,}5\text{ cm}$
$\cdot 20$ ($20\ \% \mathrel{\hat{=}} 30\text{ cm}$) $\cdot 20$

Aufgabe 5

2 6 4 5 8 4 16 3 32 2

Aufgabe 6

$A_D = 0{,}5 \cdot g \cdot h = 0{,}5 \cdot 6\text{ cm} \cdot 3\text{ cm} = 9\text{ cm}^2$

Aufgabe 7

a) $-0{,}25 \cdot \boxed{(-4)} + 8 = 9$

b) $\boxed{-45} : 5 + 2 = -7$

Aufgabe 8

Eine Seife kostet: 4,90 € : 7 = 0,70 €

Dann kosten 20 Seifen: 20 · 0,70 € = 14 €

Aufgabe 9

Nährwertangabe	pro 100 Gramm	pro 25 Gramm
Kalorien	50	12,5
Koffein	52 mg	13 mg
Zucker	24 Gramm	6 Gramm

Aufgabe 10

☒ Das Volumen des Würfels ist dreimal so groß wie das Volumen der Pyramide.

Aufgabe 11

Alle Seiten sind mit jeweils 5 cm gleich lang. Alle Winkel sind 60° groß.

Aufgabe 12

Der Schuh ist ca. 5-mal so lang wie ein normaler Schuh. Daraus ergibt sich, dass ein Mann, dem dieser Schuh passt, ebenfalls 5-mal so groß sein müsste. Ein Mann ist ca. 1,80 m groß.

Beispiel: 5 · 1,80 m = 9,00 m

Teil B

Aufgabengruppe I

Aufgabe 1

a) $3 \cdot (x - 6) - 2 \cdot (6x - 3) = 27 + 8 + 1{,}5 \cdot (2x - 6)$ | ausklammern

$3x - 18 - 12x + 6 = 35 + 3x - 9$ | zusammenfassen

$-9x - 12 = 26 + 3x$ | + 9x

$-12 = 26 + 12x$ | – 26

$-38 = 12x$ | : 12

$x = -\frac{38}{12} = -\frac{19}{6} = -3\frac{1}{6}$

b) Currywurst: x
Steak: 3x
Burger: 15
$x + 3x + 15 = 135$

Aufgabe 2

$A_{ges} = A_{Halbkreis} + A_{Dreieck} + A_{Rechteck}$

$A_{Halbkreis} = \frac{1}{2} \cdot r^2 \cdot \pi$

$A_{Halbkreis} = \frac{1}{2} \cdot r^2 \cdot 3{,}14$

$A_{Halbkreis} = \frac{1}{2} \cdot (5\text{ cm})^2 \cdot 3{,}14$

$A_{Halbkreis} = 39{,}25\text{ cm}^2$

Berechnung von r über den Satz des Pythagoras:

$a^2 + c^2 = b^2$

$(8\text{ cm})^2 + (6\text{ cm})^2 = b^2$

$64\text{ cm}^2 + 36\text{ cm}^2 = b^2$

$100\text{ cm}^2 = b^2$ | $\sqrt{\ }$

$b = 10\text{ cm} \Rightarrow b = 2r \Rightarrow r = 5\text{ cm}$

$A_{Dreieck} = \frac{1}{2} \cdot g \cdot h$

$A_{Dreieck} = \frac{1}{2} \cdot 8\text{ cm} \cdot 6\text{ cm}$

$A_{Dreieck} = 24\text{ cm}^2$

$A_{Rechteck} = a \cdot e$

$A_{Rechteck} = 8\text{ cm} \cdot 12\text{ cm} = 96\text{ cm}^2$

$A_{ges} = A_{Halbkreis} + A_{Dreieck} + A_{Rechteck} = 39{,}25\text{ cm}^2 + 24\text{ cm}^2 + 96\text{ cm}^2 = 159{,}25\text{ cm}^2$

Aufgabe 3

a) $50 - 4 - 6 - 7 - 2 - 5 - 6 - 2 - 4 = 14$
Die „9" wurde 14-mal gewürfelt.

b) $M_{\text{teilbar durch 3}} = \{3; 6; 9\}$

c) Es gibt 6 Zahlen, die nicht durch 3 teilbar sind: 1, 2, 4, 5, 7, 8
Also gilt: $p = \frac{6}{9} \approx 0{,}666 = 66{,}6\ \%$

d) $\bar{x} = (4 \cdot 1 + 6 \cdot 2 + 7 \cdot 3 + 2 \cdot 4 + 5 \cdot 5 + 6 \cdot 6 + 2 \cdot 7 + 4 \cdot 8 + 14 \cdot 9) : 50 = 5{,}56$

Aufgabe 4

a)/b)

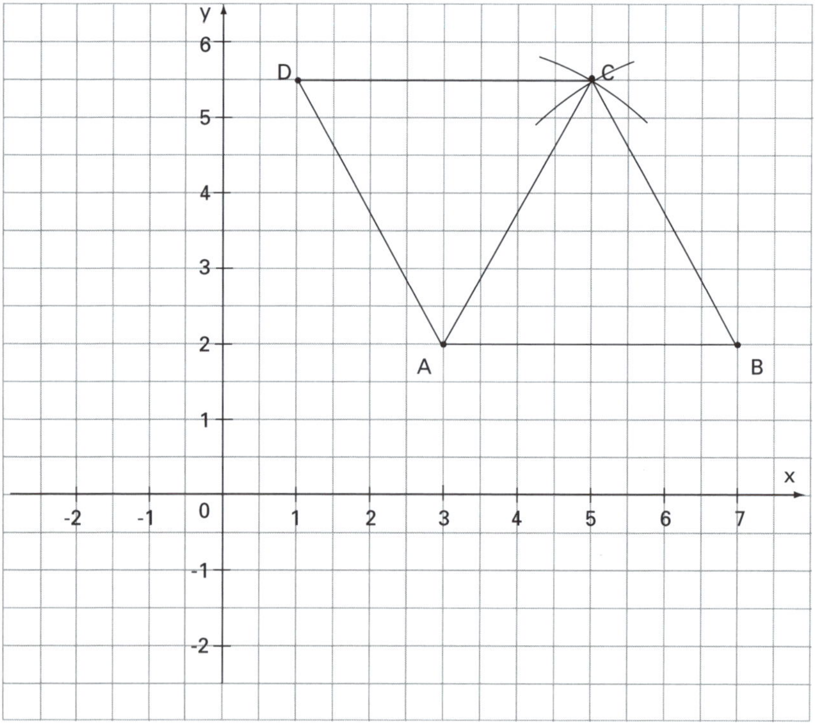

Aufgabe 5

a) Geg.: K = 40 000 €; p_1 = 3,5 %
Ges.: Z_1

$$Z_1 = \frac{K \cdot p}{100} = \frac{40\,000\text{ €} \cdot 3{,}5}{100} = 1400\text{ €}$$

Frau Köppl muss im ersten Jahr 1400 € Zinsen zahlen.

b) Geg.: K = 40 000 €; Z_2 = 1520 €
Ges.: p_2

$$p_2 = \frac{1520\text{ €} \cdot 100}{40\,000\text{ €}} = 3{,}8\ \%$$

Aufgabe 6

a) 2 800 000 dm : $2 \cdot 10^{-3}$ dm = 1 400 000 000

1 km = 1000 m = 10 000 dm

b) 1 800 000 g : $5 \cdot 10^{-3}$ g = 360 000 000

1 kg = 1000 g

Aufgabe 7

a) Anteil an Müll, den Getränke verursachen:
Zuerst benötigst du den Grundwert:

: 34,2	34,2 % ≙ 1 496 000 kg	: 34,2
· 100	1 % ≙ 43 742,69 kg	· 100
	100 % ≙ 4 374 269 kg	

: 4 374 269	4 374 269 kg ≙ 100 %	: 4 374 269
· 466 400	1 kg ≙ $2{,}2 \cdot 10^{-5}$ %	· 466 400
	466 400 kg ≙ 10,26 %	

b) Menge an „Zubereitetem", die auf dem Müll landet:

: 100	100 % ≙ 4 374 269 kg	: 100
· 16,2	1 % ≙ 43 742,69 kg	· 16,2
	16,2 % ≙ 708 631 kg	

c) 100 % – 34,2 % – 3,7 % – 16,2 % – 13,8 % – 10,26 % – 9,4 % – 6,8 % = 5,64 %

Der Anteil an sonstigem Müll beträgt 5,64 %. Würde man diesen Anteil halbieren, wären das weniger als 3 %, also deutlich weniger als 10 % am Gesamtmüll.
Nika hat daher nicht recht.

Aufgabe 8

a)

Zeit (h)	1	4	7	9
Lohn (€)	28,50	114	199,50	256,50

b) Meister Eckhardt: 240 €
Firma Stein: $6 \cdot 2 \cdot 19$ € + 30 € = 258 €

Da das Angebot von Meister Eckhardt insgesamt günstiger ist als das Angebot der Firma Stein, würde ich mich für Meister Eckhardt entscheiden.

c) Tabelle für Firma Stein:

Zeit (h)	1	4	7	10
Lohn (€)	19	76	133	190
Anfahrt (€)	30	30	30	30
Summe (€)	**49**	**106**	**163**	**220**

Aufgabengruppe II

Aufgabe 1

a)
$$-0{,}5 \cdot (x - 36) + (9x + 15) : (-3) = -1{,}5\,(x - 9) + 0{,}25\,(16 - 4x) \quad | \text{ ausklammern}$$
$$-0{,}5x + 18 - 3x - 5 = -1{,}5x + 13{,}5 + 4 - x \quad | \text{ zusammenfassen}$$
$$-3{,}5x + 13 = -2{,}5x + 17{,}5 \quad | + 2{,}5x$$
$$-x + 13 = 17{,}5 \quad | - 13$$
$$-x = 4{,}5 \quad | \cdot (-1)$$
$$x = -4{,}5$$

b) Mofa 1: 2x
Mofa 2: x
Mofa 3: $3 \cdot (2x + x)$
Mofa 4: 400 €

$2x + x + 3 \cdot (2x + x) + 400$ € = 4400 €

Aufgabe 2

a) – d)

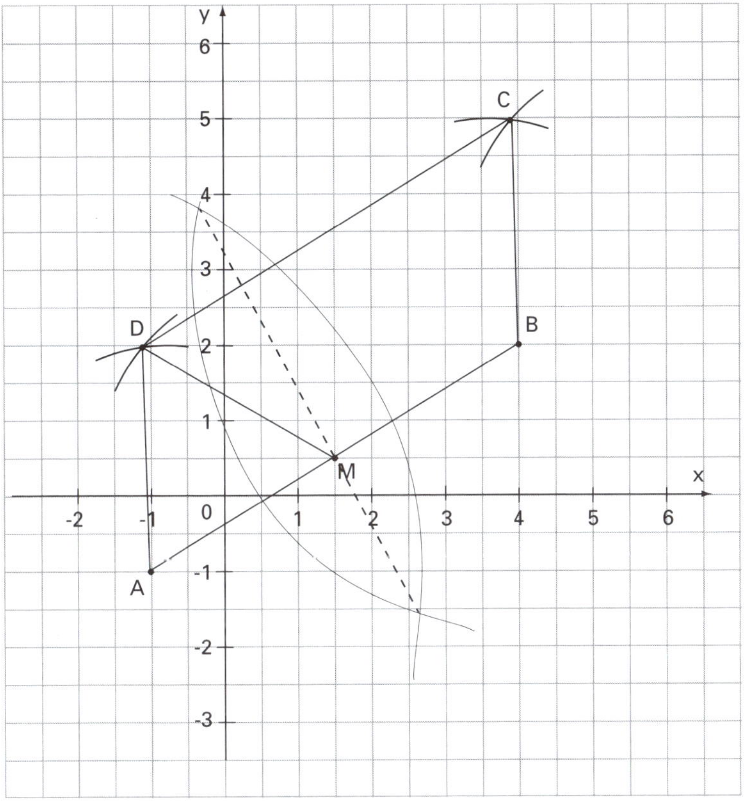

Aufgabe 3

a) Berechnung der Diagonale über den Satz des Pythagoras, denn die Diagonale ist die Hypotenuse im rechtwinkligen Dreieck:

$$l^2 + b^2 = d^2$$

$$(6\text{ cm})^2 + (4\text{ cm})^2 = d^2 \quad | \text{ ausklammern}$$

$$36\text{ cm}^2 + 16\text{ cm}^2 = d^2 \quad | \text{ zusammenfassen}$$

$$52\text{ cm}^2 = d^2 \quad | \sqrt{}$$

$$d \approx 7{,}21\text{ cm}$$

b) $V_{Quader} = l \cdot b \cdot h$
$V_{Quader} = 6\ cm \cdot 4\ cm \cdot 8\ cm = 192\ cm^3$

$V_{Quader} = V_{Zylinder}$
$V_{Zylinder} = r \cdot r \cdot h \cdot \pi$

$192\ cm^3 = 7{,}21\ cm \cdot 7{,}21\ cm \cdot 3{,}14 \cdot h$
$192\ cm^3 = 162{,}23\ cm^2 \cdot h \qquad | : 162{,}23\ cm^2$
$h \approx 1{,}18\ cm$

c) $O_{Quader} = 2\ (lb + lh + bh)$
$O_{Quader} = 2\ (6\ cm \cdot 4\ cm + 6\ cm \cdot 8\ cm + 4\ cm \cdot 8\ cm)$
$O_{Quader} = 2\ (24\ cm^2 + 48\ cm^2 + 32\ cm^2)$
$O_{Quader} = 2 \cdot 104\ cm^2$
$O_{Quader} = 208\ cm^2$

$O_{Zylinder} = 2 \cdot r^2 \cdot \pi + 2 \cdot r \cdot \pi \cdot h$
$O_{Zylinder} = 2 \cdot (7{,}21\ cm)^2 \cdot 3{,}14 + 2 \cdot 7{,}21\ cm \cdot 3{,}14 \cdot 1{,}18\ cm$
$O_{Zylinder} = 326{,}46\ cm^2 + 53{,}43\ cm^2$
$O_{Zylinder} = 379{,}89\ cm^2$

Aufgabe 4

a)/b)

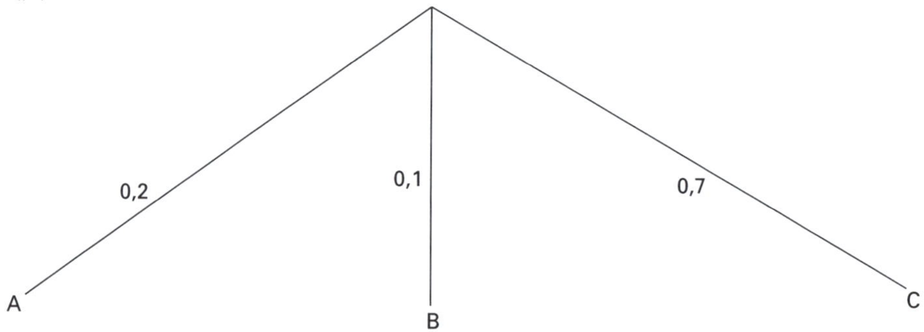

c) M = {AA, AB, AC, BA, BB, BC, CA, CB, CC}
d) Die Aussage ist zwar realistisch, aber Arjen benötigt schon sehr viel Glück, um wirklich sein ganzes Taschengeld zu verzehnfachen.

Aufgabe 5

Merkmal	Grundschüler/-innen			Mittelschüler/-innen
	Prozentwert	Prozentsatz	Grundwert	Prozentsatz
zu Fuß	92	23 %	400	35 %
Fahrrad	52	13 %	400	15 %
Bus	256	64 %	400	50 %

a) Der Grundwert in der Grundschule ist für alle Schüler/-innen gleich, nämlich 400.

Bus:	Fahrrad:	zu Fuß:
Prozentsatz: 400 = 100 % 1 = 0,25 % 256 = 64 %	Prozentwert: 400 – 256 – 92 = 52 Prozentsatz: 400 = 100 % 1 = 0,25 % 52 = 13 %	Prozentsatz: 400 = 100 % 1 = 0,25 % 92 = 23 %

b) Säulendiagramm für die Grundschüler/-innen:

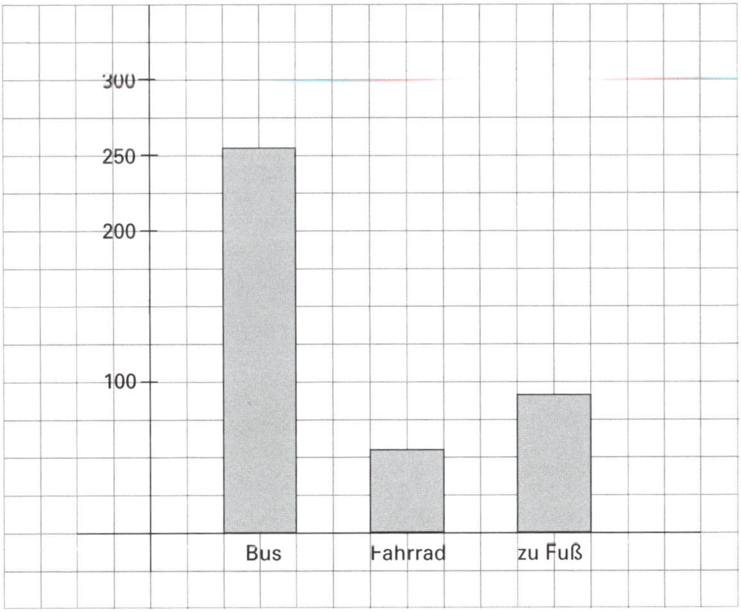

c) Kreisdiagramm für die Verteilung der Mittelschüler/-innen:

Bus:	Fahrrad:	zu Fuß:
: 100 (100 % ≙ 360°) : 100 1 % ≙ 3,6° · 50 (50 % ≙ 180°) · 50	: 100 (100 % ≙ 360°) : 100 1 % ≙ 3,6° · 15 (15 % ≙ 54°) · 15	: 100 (100 % ≙ 360°) : 100 1 % ≙ 3,6° · 35 (35 % ≙ 126°) · 35

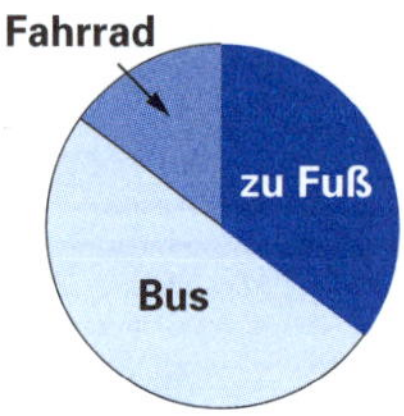

Aufgabe 6

a) $84 \cdot 360 \cdot 24 \cdot 60 \cdot 60 = 2\,612\,736\,000 \approx 2{,}6 \cdot 10^9$ s

b) 90 min $\cdot\, 60 = 5400$ s
$2{,}6 \cdot 10^9$ s : 5400 s $\approx 481\,481 \approx 4{,}8 \cdot 10^5$

c) $6{,}5 \cdot 10^9$ s = 6 500 000 000 s
6 500 000 000 s : 60 : 60 : 24 : 360 ≈ 209 Jahre

Aufgabe 7

a) **Firma A:** 250 € + 144 · 30 € = 4570 €
Firma B: 200 € + 144 · 25 € = 3800 €

Das Angebot der Firma B ist günstiger.

b) $250 + 30x = 200 + 25x$ | $- 30x - 200$
$50 = -5x$ | $: 5$
$x = -10$ ⇒ ungültiges Ergebnis

Angebot B ist immer günstiger.

Aufgabe 8

a) $\overline{x} = (8 + 11 + 13 + 14 + 10 + 8 + 8 + 4 + 2) : 9 = 78 : 9 = 8{,}6$

b) Vorbereitungen gesamt: $6 \cdot 9 = 54$
$54 - (9 + 8 + 8 + 6 + 6 + x + 5 + 3 + 3) = 54 - (48 + x)$
$x = 6$

Teil A

Aufgabe 1

a) $6{,}12 \cdot 4{,}0 = 24{,}48$

b) $549{,}78 - 84{,}88 = 464{,}9$

Aufgabe 2

☒ Ein Dreieck hat immer eine Winkelsumme von 180°.

☒ Es gibt Dreiecke mit zwei spitzen Winkeln.

☒ Es gibt keine Dreiecke mit zwei rechten Winkeln.

Aufgabe 3

$$2x + 1 = 3x - 2 \quad | -2x$$
$$1 = x - 2 \quad | +2$$
$$x = 3$$

Aufgabe 4

☒ Jungen schauen am liebsten fern.

☒ Mehr als fünfmal so viele Mädchen wie Jungs gehen gerne shoppen.

Aufgabe 5

$$u_R = 2a + 2b$$
$$30\text{ cm} = 2 \cdot 5\text{ cm} + 2b$$
$$30\text{ cm} = 10\text{ cm} + 2b \quad | -10\text{ cm}$$
$$20\text{ cm} = 2b \quad | :2$$
$$b = 10\text{ cm}$$

Aufgabe 6

3 h 20 min = 200 min
$9876\text{ mm}^2 = 0{,}9876\text{ dm}^2$
9,83 t = 9830 kg

Aufgabe 7

Lkw	1	2	4	8	32
Stunden	16	8	4	2	0,5

Aufgabe 8

10 %

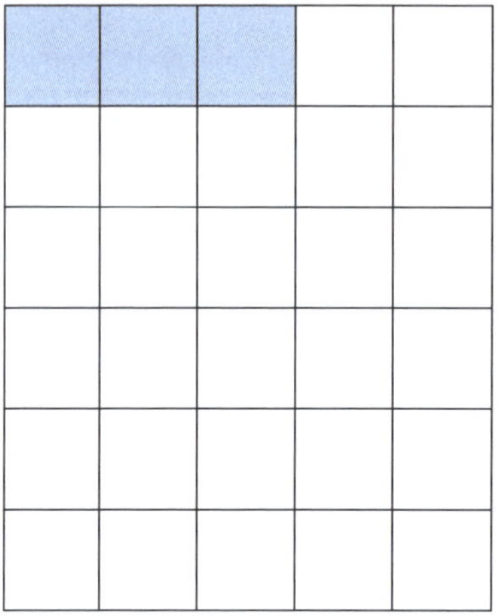

60 %

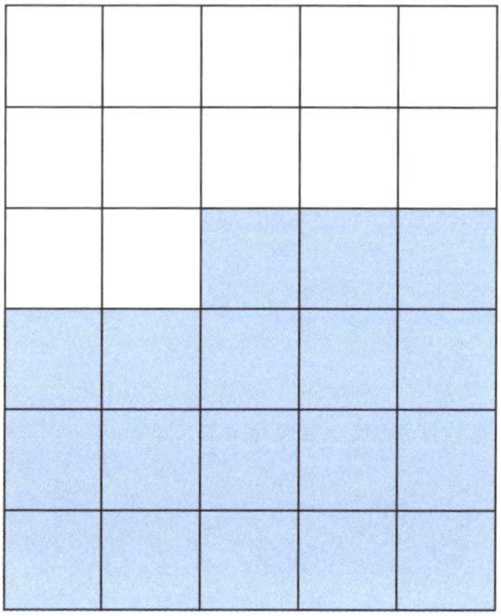

Aufgabe 9

-1 5 -3 7 -5 9 -7 11

Aufgabe 10

$3x - 2(x - 4) = 5(x - 4)$

$3x - (2x - 8) = 5x - 20$

$3x - 2x + 8 = 5x - 20$

$x + 8 = 5x - 20$ | – x

$8 = 4x - 20$ | – 20 | + 20

$-12 = 4x$ | : 4

$-3 = x$

Aufgabe 11

☒ 8 400 000 000

Aufgabe 12

Eine Frau ist ca. 1,60 m groß. Das Eis ist ca. 1,00 m hoch.
In Wirklichkeit ist ein Eis ca. 10 cm hoch. Folglich müsste die Frau auch 10-mal so groß sein.
Also müsste die Frau 10 · 1,60 m = 16 m groß sein.

Teil B

Aufgabengruppe I

Aufgabe 1

$$\frac{2x+3}{3} - \frac{3x}{4} = \frac{5}{6} - (x-1) \cdot 2 + 2 \qquad | \text{ HN } 12$$
$$4(2x+3) - 3 \cdot 3x = 2 \cdot 5 - 24(x-1) + 24 \qquad | \text{ ausklammern}$$
$$8x + 12 - 9x = 10 - 24x + 24 + 24 \qquad | \text{ zusammenfassen}$$
$$-x + 12 = 58 - 24x \qquad | +x$$
$$12 = 58 - 23x \qquad | -58$$
$$-46 = -23x \qquad | : (-23)$$
$$x = 2$$

Aufgabe 2

2,54 cm · 50 = 127 cm
50 Zoll entsprechen 127 cm; das entspricht der Hypotenuse.

$$a^2 + b^2 = c^2$$
$$(63\text{ cm})^2 + b^2 = (127\text{ cm})^2$$
$$3969\text{ cm}^2 + b^2 = 16\,129\text{ cm}^2 \qquad | -3969\text{ cm}^2$$
$$b^2 = 12\,160\text{ cm}^2 \qquad | \sqrt{}$$
$$b = 110{,}27\text{ cm}$$

Der Bildschirm von Familie Barasi muss mindestens 110,27 cm breit sein.

Aufgabe 3

a) $V_{ges} = V_{Zylinder} + V_{Kegel}$

$V_{Zylinder} = r_Z^{\,2} \cdot \pi \cdot h_Z$
$V_{Zylinder} = (8\text{ cm})^2 \cdot 3{,}14 \cdot 9\text{ cm}$
$V_{Zylinder} = 1808{,}64\text{ cm}^3$

Berechnung h_K:
$r_K^{\,2} + h_K^{\,2} = s_K^{\,2}$
(Die Mantellinie entspricht hier der Hypotenuse.)
$h_K^{\,2} = s_K^{\,2} - r_K^{\,2}$
$h_K^{\,2} = (8\text{ cm})^2 - (3\text{ cm})^2$
$h_K^{\,2} = 64\text{ cm}^2 - 9\text{ cm}^2$
$h_K^{\,2} = 55\text{ cm}^2 \quad | \sqrt{\ }$
$h_K \approx 7{,}42\text{ cm}$

$V_{Kegel} = \frac{1}{3} r_K^{\,2} \cdot \pi \cdot h_K$
$V_{Kegel} = \frac{1}{3} (3\text{ cm})^2 \cdot 3{,}14 \cdot h_K$
$V_{Kegel} = \frac{1}{3} (3\text{ cm})^2 \cdot 3{,}14 \cdot 7{,}42\text{ cm}$
$V_{Kegel} = 69{,}9\text{ cm}^3$

$V_{ges} = 1808{,}64\text{ cm}^3 + 69{,}9\text{ cm}^3 = 1878{,}54\text{ cm}^3$

b)
: 1878,54 $\quad 1878{,}54\text{ cm}^3 \mathrel{\hat{=}} 100\ \%$: 1878,54
$1\text{ cm}^3 \mathrel{\hat{=}} 0{,}05\ \%$
· 1808,64 $\quad 1808{,}64\text{ cm}^3 \mathrel{\hat{=}} 90{,}43\ \%$ · 1808,64

Aufgabe 4

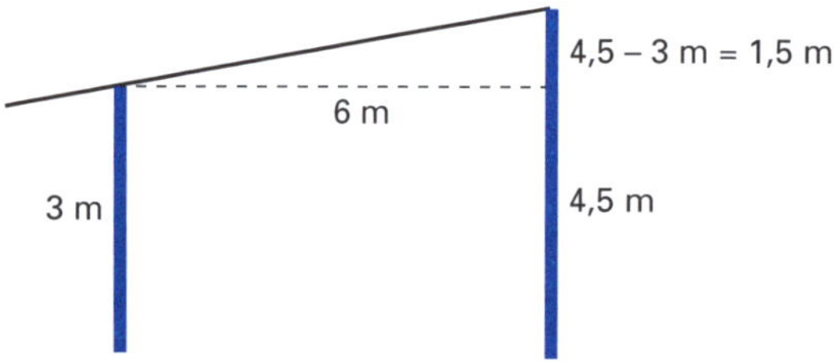

Zeichnung nicht maßstabsgetreu

a) Die 6 m Garagenbreite entspricht einer Kathete. Die Seite der anderen Kathete beträgt 1,50 m.
$a^2 + b^2 = c^2$
$(6\text{ m})^2 + (1{,}5\text{ m})^2 = c^2$
$36\text{ m}^2 + 2{,}25\text{ m}^2 = c^2$
$38{,}25\text{ m}^2 = c^2 \quad | \sqrt{\ }$
$c \approx 6{,}18\text{ m}$
$6{,}18\text{ m} + 80\text{ cm} = 6{,}98\text{ m}$

b) $6{,}98\text{ m} \cdot 6\text{ m} = 41{,}88\text{ m}^2$

Aufgabe 5

a) $M_{\text{nicht weiß}} = \{s; r; b; g\}$

b) P(„größer 0,5"): Die gezogenen Kugeln sind schwarz, blau oder weiß.
P(„kleiner 0,5"): Die gezogene Kugel ist blau.

c) P(„rot") $= \frac{1}{5} = 0{,}2 = 20\ \%$

d) Nein, sie hat nicht recht. Sie kann auch 20 Mal ziehen, ohne dabei eine rote Kugel zu erhalten, weil sie jedes Mal die gezogene Kugel wieder zurücklegt.

Aufgabe 6

a) 799 € + 499 € + 99 € + 79 € = 1476 €

: 116 — 116 % ≙ 1476 € — : 116
1 % ≙ 12,72 €
· 119 — 119 % ≙ 1513,68 € — · 119

b)

	PC	Monitor	Tastatur	Maus	Gesamt
Preis	799 €	499 €	99 €	79 €	1476 €
Anteil (gerundet)	54 %	34 %	7 %	5 %	100 %
Mittelpunkts-winkel	0,54 · 360° = 194,4°	0,34 · 360° = 122,4°	0,07 · 360° = 25,2°	0,05 · 360° = 18°	360°

Gesamtpreis

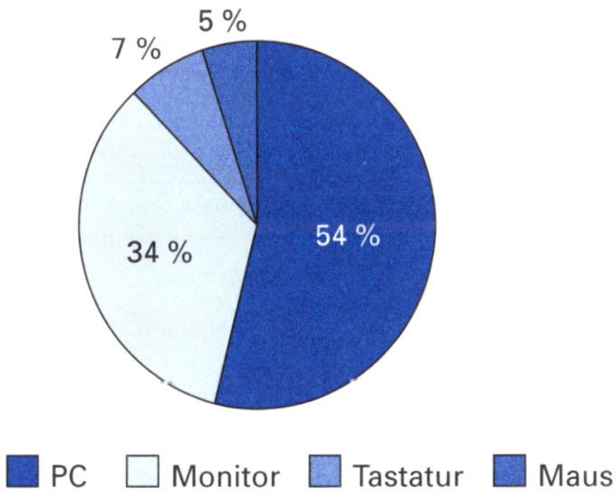

c) 1513,68 € · 0,965 = 1460,70 €
1513,68 € – 1460,70 € = 52,98 €

Der Preis wäre um 52,98 € günstiger.

Aufgabe 7

Yannick: $\frac{1}{3}x$

Bruno: x

Zlatan: $2\left(\frac{1}{3}x + x\right)$

$\frac{1}{3}x + x + 2\left(\frac{1}{3}x + x\right) = 156$ | ausklammern

$1\frac{1}{3}x + \frac{2}{3}x + 2x = 156$ | zusammenfassen

$4x = 156$ | : 4

$x = 39$

Yannick: 13
Bruno: 39
Zlatan: 104

Aufgabe 8

a) $5{,}974 \cdot 10^{24}$ kg $= 5{,}974 \cdot 10^{21}$ t

b) $5{,}683 \cdot 10^{26}$ kg $= 5{,}683 \cdot 10^{29}$ g

1 t = 1000 kg
1 kg = 1000 g

c) $5{,}683 \cdot 10^{26}$ kg $: 5{,}974 \cdot 10^{24}$ kg $= 568{,}3 \cdot 10^{24}$ kg $: 5{,}974 \cdot 10^{24}$ kg $\approx 95{,}13$

Der Saturn ist circa 95-mal schwerer als die Erde.

Aufgabe 9

a)

	Schnellhorst	Schnelle Pauline
Grundpreis	3 €	4,50 €
Preis pro km	0,35 €	0,30 €
Preis pro 10 km	3,50 €	3,00 €
Preis pro 50 km	17,50 €	15,00 €

b)

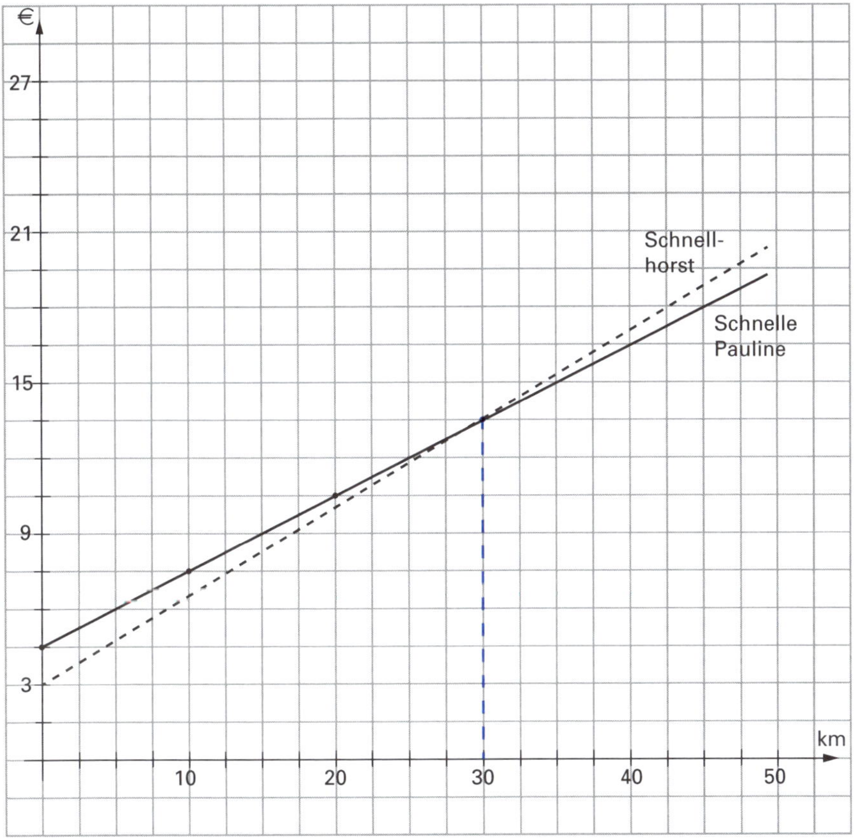

Aufgabengruppe II

Aufgabe 1

$7{,}5\,(x - 4) - (1{,}25x + 6) \cdot 4 = -3\,(x + 6) + 2\,(0{,}25x + 32)$	I ausklammern
$7{,}5x - 30 - 5x - 24 = -3x - 18 + 0{,}5x + 64$	I zusammenfassen
$2{,}5x - 54 = -2{,}5x + 46$	I + 2,5x
$5x - 54 = 46$	I + 54
$5x = 100$	I : 5
$x = 20$	

Aufgabe 2

Ramona: 0,5x
Jutta: x
Simone: 4 (x + 0,5x)
Melanie: 2 (x + 0,5x)

$0{,}5x + x + 4\,(x + 0{,}5x) + 2\,(x + 0{,}5x) = 372\,750$ €	I ausklammern
$0{,}5x + x + 4x + 2x + 2x + x = 372\,750$ €	I zusammenfassen
$10{,}5x = 372\,750$ €	I : 10,5
$x = 35\,500$ €	

Ramona: 17 750 €
Jutta: 35 500 €
Simone: 213 000 €
Melanie: 106 500 €

Aufgabe 3

a) – c)

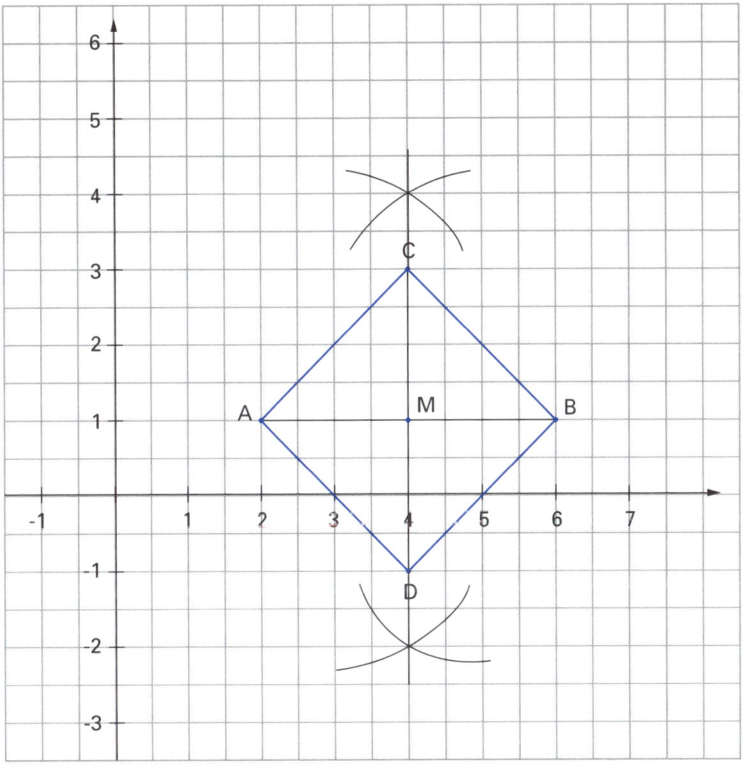

Aufgabe 4

Die gesamte Figur besteht aus einem Drachenviereck und vier Halbkreisen, wobei sich immer zwei Halbkreise zu einem Vollkreis ergänzen.

$A_{ges} = A_{Drachenviereck} + A_{Kreis\ groß} + A_{Kreis\ klein}$

Drachenviereck: $e = 8\text{ cm} + 3\text{ cm} = 11\text{ cm}$; $f = 4\text{ cm} + 4\text{ cm} = 8\text{ cm}$
$A_D = 0{,}5 \cdot e \cdot f$
$A_D = 0{,}5 \cdot 11\text{ cm} \cdot 8\text{ cm} = 44\text{ cm}^2$

Für die Radien der Kreise muss man den Satz des Pythagoras anwenden:
Kleiner Kreis: Der Durchmesser der kleinen Halbkreise entspricht im rechtwinkligen Dreieck der Hypotenuse:

$$a^2 + b^2 = c^2$$
$$(3\text{ cm})^2 + (4\text{ cm})^2 = c^2$$
$$9\text{ cm}^2 + 16\text{ cm}^2 = c^2$$
$$25\text{ cm}^2 = c^2 \quad | \sqrt{}$$
$$c = 5\text{ cm} \Rightarrow r_k = \frac{5\text{ cm}}{2} = 2{,}5\text{ cm}$$

Dadurch, dass man beide Halbkreise zu einem Vollkreis ergänzen kann, kann sofort die Fläche eines Vollkreises berechnet werden.
$A_{\text{Kreis klein}} = r_k^2 \cdot \pi$
$A_{\text{Kreis klein}} = (2{,}5\text{ cm})^2 \cdot 3{,}14 = 19{,}6\text{ cm}^2$

Großer Kreis: Der Durchmesser der großen Halbkreise entspricht im rechtwinkligen Dreieck der Hypotenuse:

$$a^2 + b^2 = c^2$$
$$(4\text{ cm})^2 + (8\text{ cm})^2 = c^2$$
$$16\text{ cm}^2 + 64\text{ cm}^2 = c^2$$
$$80\text{ cm}^2 = c^2 \quad | \sqrt{}$$
$$c \approx 8{,}9\text{ cm} \Rightarrow r_g = \frac{8{,}9\text{ cm}}{2} = 4{,}45\text{ cm}$$

$A_{\text{Kreis groß}} = r_g^2 \cdot \pi$
$A_{\text{Kreis groß}} = (4{,}45\text{ cm})^2 \cdot 3{,}14 \approx 62{,}2\text{ cm}^2$

$A_{ges} = 44\text{ cm}^2 + 62{,}2\text{ cm}^2 + 19{,}6\text{ cm}^2 = 125{,}8\text{ cm}^2$

Aufgabe 5

a) $M = \{71, 72, 73, 74, 75, 76, 77, 78\}$

b) $M_{\text{ungerade Zahl}} = \{1, 3, 5, 7\}$

c) P(„größer 0,5"): Die Zahl ist größer als 2.
P(„kleiner 0,5"): Die Zahl ist durch 3 teilbar.

Aufgabe 6

Kontinent	Afrika	Amerika	Asien	Australien	Europa	Welt
Bevölkerung in Mio.	2084	1060	5162,7	30,8	725	9062,5
Anteil in %	23	11,7	56,97	0,34	8	100

a) Beginne mit Europa, weil hier das Zahlenpaar bereits vorhanden ist.

8 % ≙ 725
1 % ≙ 90,625
100 % ≙ 9062,5 ⇒ Somit ist der Grundwert berechnet.

Afrika:

: 100	100 % ≙ 9062,5	: 100
· 23	1 % ≙ 90,625	· 23
	23 % ≙ 2084	

Amerika:

: 100	100 % ≙ 9062,5	: 100
· 11,7	1 % ≙ 90,625	· 11,7
	11,7 % ≙ 1060	

Asien:

: 9062,5	9062,5 ≙ 100 %	: 9062,5
· 5162,7	1 ≙ 0,011 %	· 5162,7
	5162,7 ≙ 56,97 %	

Australien:
Bevölkerung:
9062,5 – 2084 – 1060 – 5162,7 – 725 = 30,8

: 9062,5	9062,5 ≙ 100 %	: 9062,5
· 30,8	1 ≙ 0,011 %	· 30,8
	30,8 ≈ 0,34 %	

b) Kreisdiagramm:

Afrika:

: 100	100 % ≙ 360°	: 100
· 23	1 % ≙ 3,6°	· 23
	23 % ≙ 82,8°	

Amerika:

: 100	100 % ≙ 360°	: 100
· 11,7	1 % ≙ 3,6°	· 11,7
	11,7 % ≙ 42,1°	

Asien:

: 100	100 % ≙ 360°	: 100
· 56,97	1 % ≙ 3,6°	· 56,97
	56,97 % ≙ 205,1°	

Australien:

: 100	100 % ≙ 360°	: 100
· 0,34	1 % ≙ 3,6°	· 0,34
	0,34 % ≙ 1,2°	

Europa:

$: 100$ ($100\,\% \triangleq 360°$) $: 100$

$\cdot 8$ ($1\,\% \triangleq 3{,}6°$) $\cdot 8$

$8\,\% \triangleq 28{,}8°$

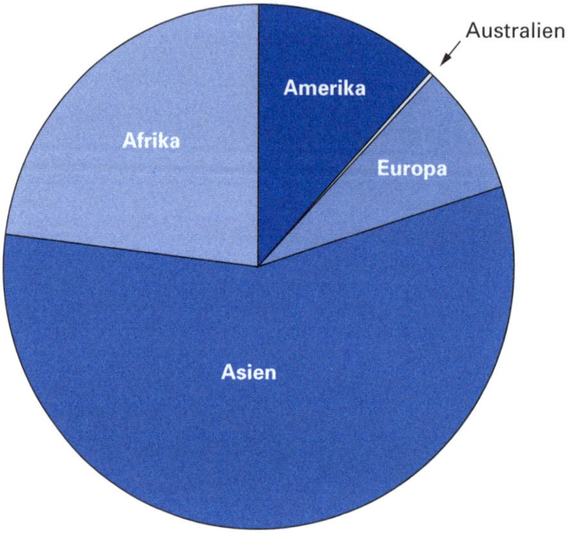

Aufgabe 7

a) $9\,970\,000\ km^2 = 9\,970\,000\,000\,000\ m^2 = 9{,}97 \cdot 10^{12}\ m$

b) $5{,}1 \cdot 10^{14} = 510\,000\,000\,000\,000$

c) $5{,}1 \cdot 10^{14} : 9{,}97 \cdot 10^{12} = 510 \cdot 10^{12} : 9{,}97 \cdot 10^{12} \approx 51{,}15$

Die Erde ist ca. 51-mal größer als Europa.

Aufgabe 8

a)

Zeit in Minuten	0,5	5	6,5	11	12	14	20
Wassermenge in Liter	12,5	125	162,5	275	300	350	500

b)

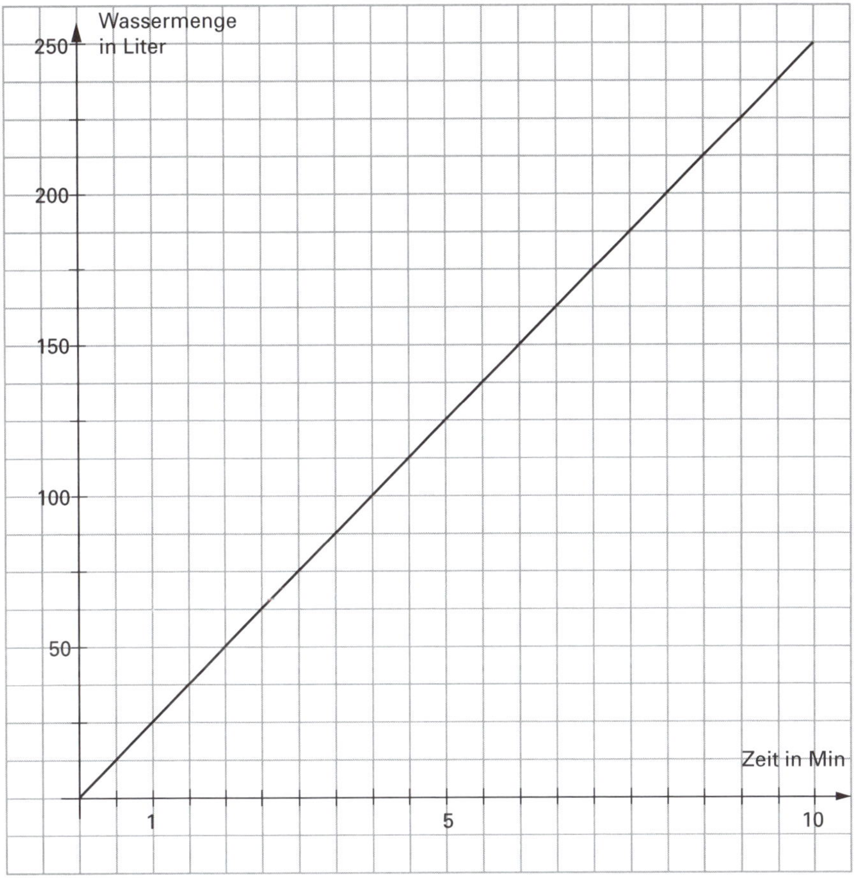

Aufgabe 9

a)

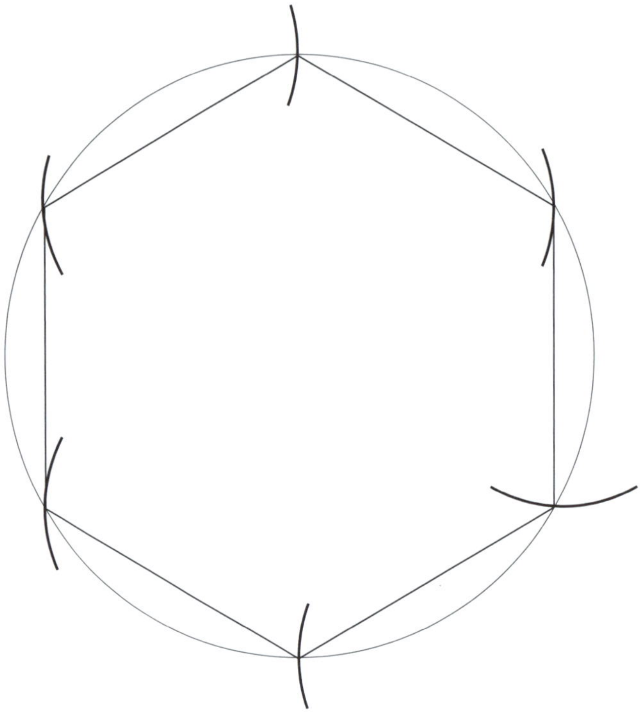

b) Da ein Sechseck aus sechs gleichseitigen Dreiecken besteht, kann folgende Formel angewandt werden:

$A_{Sechseck} = 6 \cdot (a^2 \cdot \sqrt{3}) : 4$
$A_{Sechseck} = 6 \cdot (16\ cm^2 \cdot \sqrt{3}) : 4 \approx 41{,}57\ cm^2$

Teil A

Aufgabe 1

a) $13{,}75 \cdot 4 = 55{,}00$

b) $503{,}74 - 7{,}83 = 495{,}91$

Aufgabe 2

1. Neuer Preis:
   $100\ \% \triangleq 110\ €$
   $1\ \% \triangleq 1{,}10\ €$
   $80\ \% \triangleq 1{,}10\ € \cdot 80 = 88{,}00\ €$

2. Preisnachlass:
   $440\ € - 330\ € = 110\ €$
   $100\ \% \triangleq 440\ €$
   $1\ \% \triangleq 4{,}40\ €$
   $x\ \% \triangleq 110\ €$

   $x = 110\ € : 4{,}40\ €$
   $x = 25\ \%$

   NR.:
   1100 : 44 = 25
   88
   220
   220
   –

3. Alter Preis:
   $90\ \% = 27\ €$
   $1\ \% \triangleq 0{,}3\ €$
   $100\ \% \triangleq 30\ €$

Aufgabe 3

a) $4x - 7 - 2 \cdot (7 - x) = (2x + 8) : 2$
   $4x - 7 - 14 + 2x = x + 4$
   $6x - 7 = x + 4$

   Fehler: -7 – 14 = -21

b) $3 \cdot \boxed{x} + 2 \cdot 4{,}5 + 1{,}1 \cdot 4 = 20$
   $3x + 9 + 4{,}4 = 20 \quad | - 13{,}4$
   $3x = 6{,}6 \quad | : 3$
   $x = 2{,}2$

Prüfungen

Aufgabe 4

		♣	·	♣	=	9	→	♣ = 3
		♣	+	♥	=	13	→	♥ = 13 – 3 = 10
♦	·	♣	+	♥	=	28	→	♦ = 28 – 10 : 3 = 6
♣	·	♥	–	♦	=	3 · 10 – 6	→	**24**

Aufgabe 5

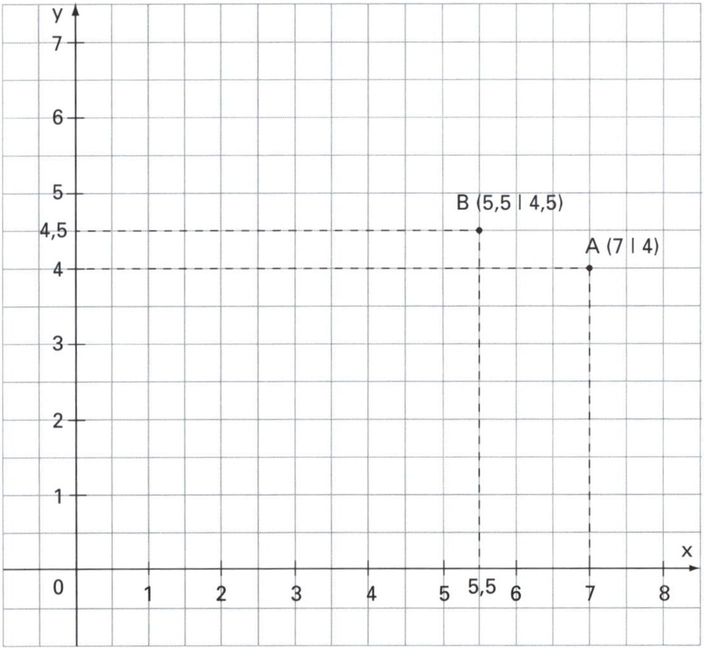

Aufgabe 6

	wahr	falsch	
$\alpha = \beta$	☒	☐	(gleichschenkliges Dreieck)
$\gamma = 90°$	☒	☐	($\gamma = 180° - 2 \cdot 45° = 90°$)
$c < a$	☐	☒	(c ist Hypotenuse → $c > a$ und $c > b$)
$180° - \gamma - \beta = 40°$	☐	☒	($180° - 90° - 45° = 45°$)

Aufgabe 7

a) ☒ 1,8 m

b) ☒ 190 cm^2

c) ☒ 600 ml

Aufgabe 8

Mögliche Lösungen:

Als Hypotenuse hätte 8 cm eingesetzt werden müssen.
Die Diagonale ist nicht Kathete, sondern Hypotenuse.

$$b^2 = (8\text{ cm})^2 - (6\text{ cm})^2$$
$$\Rightarrow b^2 = 64\text{ cm}^2 - 36\text{ cm}^2$$
$$b = \sqrt{28\text{ cm}^2} \approx 5{,}3\text{ cm}$$

Aufgabe 9

Bus: 240 Schüler/-innen entsprechen der Hälfte der Gesamtschülerzahl. $\Rightarrow$ 180°

Fahrrad: $\frac{1}{4}$ der Schüler $\triangleq$ 90°

zu Fuß: Restsektor ($\triangleq$ 36°)

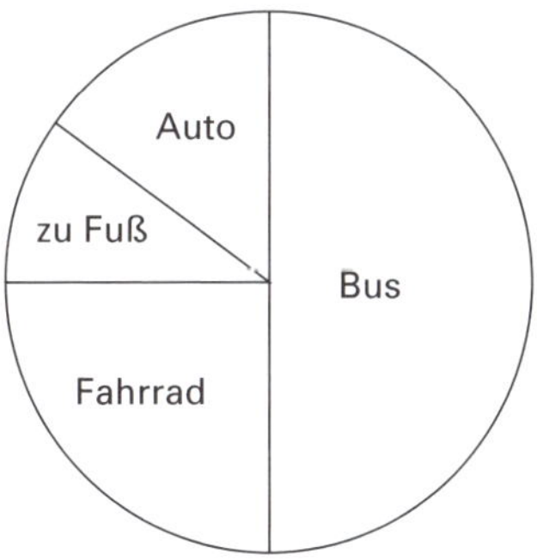

Aufgabe 10

| 5,7 | mm = 0,0057 m = 5,7 · 10^{-3} m

| 27,5 | m^2 = 275 000 cm^2 = 2,75 · $10^{\boxed{5}}$ cm^2

Aufgabe 11

Durchschnittliche Größe eines Mannes: ca. 1,80 m
Höhe des Baumes: ca. 10fache Größe des Mannes

⇒ 10 · 1,80 m = 18 m

Teil B

Aufgabengruppe I

Aufgabe 1

$$
\begin{aligned}
(12x - 6 : 0{,}3) \cdot 3 &= 8{,}5 \cdot (x + 4{,}4) - (10{,}2 - 0{,}86x) \cdot 5 && \text{| Klammern auflösen}\\
36x - 60 &= 8{,}5x + 37{,}4 - 51 + 4{,}3x && \text{| zusammenfassen}\\
36x - 60 &= 12{,}8x - 13{,}6 && \text{| } - 12{,}8x + 60\\
23{,}2x &= 46{,}4 && \text{| : 23,2}\\
x &= 2
\end{aligned}
$$

Aufgabe 2

$$
\begin{aligned}
\frac{20 - 18x}{5} + \frac{1}{5} \cdot (5 - 47x) &= 15 - (18x - 15) && \text{| Klammern auflösen}\\
\frac{20 - 18x}{5} + 1 - 9{,}4x &= 15 - 18x + 15 && \text{| } \cdot 5\\
20 - 18x + 5 - 47x &= 150 - 90x && \text{| zusammenfassen}\\
25 - 65x &= 150 - 90x && \text{| } + 90x - 25\\
25x &= 125 && \text{| : 25}\\
x &= 5
\end{aligned}
$$

Aufgabe 3

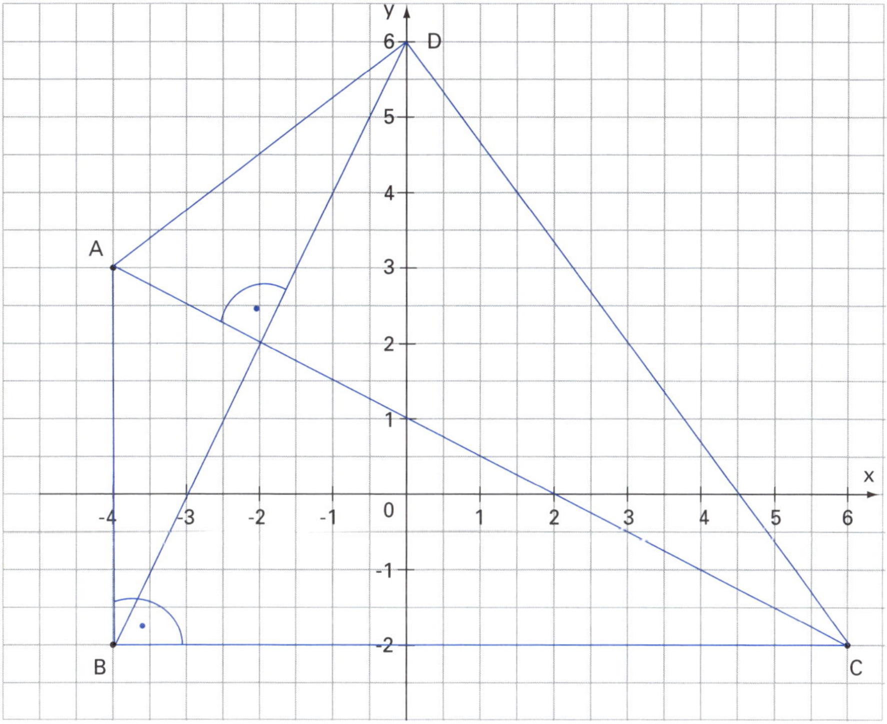

a) △ ABC ist rechtwinklig.

b) Senkrechte zu $\overline{AC}$ durch B

c) Es muss gelten:
$\overline{AB} = \overline{AD}$ oder $\overline{BC} = \overline{CD}$

⇒ D (0 | 6)

Aufgabe 4

a) Berechnung des Rabatts:

1. Möglichkeit:

Rabatt = 240 € – 204 € = 36 €

$100\ \% \mathrel{\hat{=}} 240\ €$
$1\ \% \mathrel{\hat{=}} 2{,}4\ €$
$x\ \% \mathrel{\hat{=}} 36\ €$
$x = 15$

oder Formel:

$p = \frac{36\ € \cdot 100}{240\ €}$

$p = 15\ \%$

2. Möglichkeit:

$p = \frac{204\ € \cdot 100\ \%}{240\ €} = 85\ \%$

$p = \frac{PW \cdot 100}{GW}$

Rabatt in %:
$100\ \% - 85\ \% = 15\ \%$

b) Berechnung des Kaufpreises:

$100\ \% \mathrel{\hat{=}} 204\ €$
$2\ \% \mathrel{\hat{=}} 204\ € : 100 \cdot 2 = 4{,}08\ €$
Kaufpreis = 204 € – 4,08 € = 199,92 €

oder:
$100\ \% \mathrel{\hat{=}} 204\ €$
$98\ \% \mathrel{\hat{=}} 204\ € : 100 \cdot 98 = 199{,}92\ €$

c) Fehler:
Im Preis von 204 € ist die Mehrwertsteuer bereits enthalten (erhöhter Grundwert!)
Preis ohne Mehrwertsteuer:
$\Rightarrow\ 119\ \% \mathrel{\hat{=}} 204\ €$
$1\ \% \mathrel{\hat{=}} 204\ € : 119$
$100\ \% \mathrel{\hat{=}} 204\ € : 119 \cdot 100 \approx 171{,}43\ €$

Aufgabe 5

Berechnung von Kathete_1 des Dreiecks:

$k_1 = (65\ \text{cm} - 35\ \text{cm}) : 2$
$= 15\ \text{cm}$

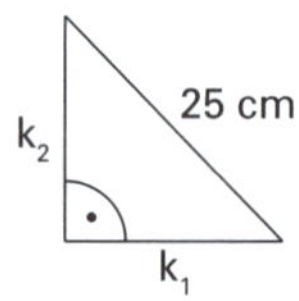

Berechnung von k_2:

$k_2^2 = (25\ \text{cm})^2 - (15\ \text{cm})^2$

$k_2 = \sqrt{400\ \text{cm}^2} = 20\ \text{cm}$

Pythagoras

$a^2 + b^2 = c^2$

Berechnung des Quadervolumens:

$V_{Qu} = 35\text{ cm} \cdot 70\text{ cm} \cdot 140\text{ cm}$
$= 343\,000\text{ cm}^3$

$V_{Qu} = a \cdot b \cdot c$

Volumen des Dreiecksprismas:

$V_P = \frac{1}{2} \cdot 15\text{ cm} \cdot 20\text{ cm} \cdot 140\text{ cm}$
$= 21\,000\text{ cm}^3$

$V_P = \frac{1}{2} \cdot g \cdot h_\Delta \cdot h_P$

Gesamtvolumen:

$V_G = V_{Qu} + 2 \cdot V_P$
$= 343\,000\text{ cm}^3 + 2 \cdot 21\,000\text{ cm}^3$
$= 385\,000\text{ cm}^3$

Aufgabe 6

Seite a der Quadrate:
$a = 5{,}6\text{ cm} : 4 = 1{,}4\text{ cm}$

Höhe eines Dreiecks:
$h = (12\text{ cm} - 5{,}6\text{ cm}) : 2 = 3{,}2\text{ cm}$

Fläche der grauen Quadrate:
$A = 8 \cdot (1{,}4\text{ cm})^2 = 15{,}68\text{ cm}^2$

$A_{Qu} = a \cdot a$

Fläche der beiden Dreiecke:

$A = 2 \cdot \frac{1}{2} \cdot 5{,}6\text{ cm} \cdot 3{,}2\text{ cm}$
$= 17{,}92\text{ cm}^2$

$A_\Delta = \frac{1}{2} \cdot g \cdot h$

Gesamtfläche:
$A_G = 15{,}68\text{ cm}^2 + 17{,}92\text{ cm}^2 = 33{,}6\text{ cm}^2$

Aufgabe 7

a) Zuordnung der Graphen:
Angebot A → Graph 3
(Keine Grundgebühr → Nullpunkt ist Ausgangspunkt des Graphen!)
Angebot B → Graph 2
(Grundgebühr! → Der Graph beginnt bei y = 7,50 €)

b) Anzahl der Filme bei Angebot B:
x = (13 € – 7,50 €) : 0,55 €
x = 5,50 € : 0,55 €
x = 10 Filme

oder Ablesen aus dem Graphen:

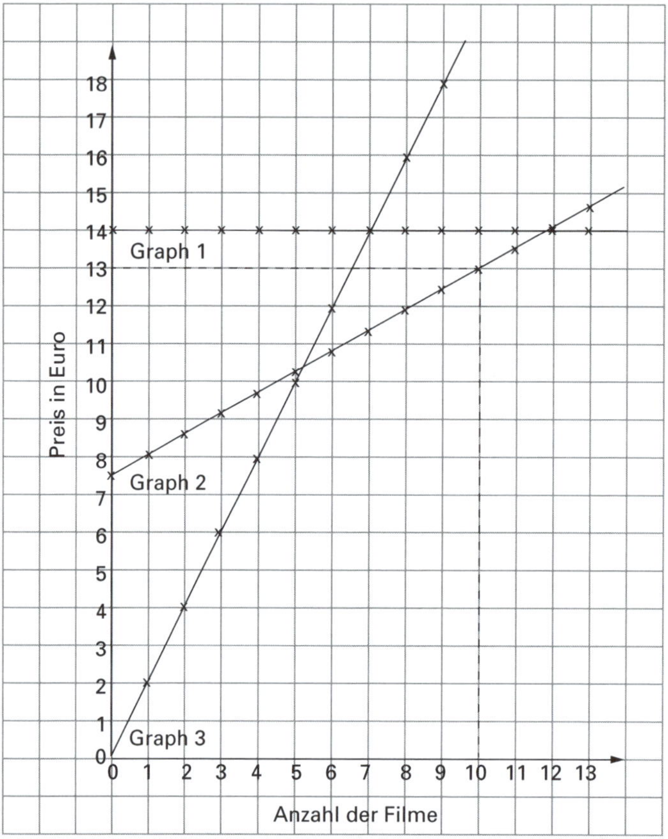

c) z. B. Wertetabelle:

Anzahl der Filme	Kosten bei Angebot A	Kosten bei Angebot B
1	2 €	7,50 € + 0,55 € = 8,05 €
2	4 €	7,50 € + 0,55 € · 2 = 8,60 €
3	6 €	7,50 € + 0,55 € · 3 = 9,15 €
4	8 €	7,50 € + 0,55 € · 4 = 9,70 €
5	10 €	7,50 € + 0,55 € · 5 = 10,25 €
6	12 €	7,50 € + 0,55 € · 6 = 10,80 €
7	14 €	7,50 € + 0,55 € · 7

⇒ Ab 6 Filmen ist Angebot B günstiger.

d) Graph 1 verläuft parallel zur x-Achse, d. h. man bezahlt monatlich immer 14 €, egal, wie viele Filme man sich ausleiht („Flatrate").

Aufgabe 8

a) $48\ m^3 \triangleq 48\,000\ l$
Anzahl der Wassertropfen:
$x = 48\,000\ l : (5 \cdot 10^{-5}\ l) = 48\,000\ l : 0{,}00005\ l = 960\,000\,000$

b) In 1 sec verdunsten $5 \cdot 5 \cdot 10^{-5}\ l = 0{,}00025\ l$
In 1 h (3600 sec) verdunsten
$0{,}00025\ l \cdot 3600 = 0{,}9\ l$
$0{,}9\ l \triangleq 900\ ml$

$1\ l \triangleq 1000\ ml$

Martin hat recht.
Es sind 900 ml in der Stunde.

Aufgabengruppe II

Aufgabe 1

$$\begin{aligned} (16x - 48) \cdot 4{,}5 - (-x - 7) + 4x &= -3x \cdot (-2{,}5) - 0{,}5 && \mid \text{Klammern auflösen} \\ 72x - 216 + x + 7 + 4x &= 7{,}5x - 0{,}5 && \mid \text{zusammenfassen} \\ 77x - 209 &= 7{,}5x - 0{,}5 && \mid -7{,}5x + 209 \\ 69{,}5x &= 208{,}5 && \mid : 69{,}5 \\ x &= 3 \end{aligned}$$

Aufgabe 2

$$\left.\begin{aligned} &\text{grün: } x + 9 \\ &\text{pink: } x \\ &\text{blau: } 2x \end{aligned}\right\} 65$$

$$\begin{aligned} x + 9 + x + 2x &= 65 && \mid -9 \\ 4x &= 56 && \mid : 4 \\ x &= 14 \end{aligned}$$

→ grün: $14 + 9 = 23$
pink: 14
blau: $2 \cdot 14 = 28$
Probe ⇒ 65

Aufgabe 3

Seitenlänge eines Sechsecks:
$s = 21\text{ cm} : 6 = 3{,}5\text{ cm}$

Mittelpunktswinkel und Basiswinkel:
$\alpha = 360° : 6 = 60°$

Basiswinkel im Bestimmungsdreieck (gleichseitig!)
$\alpha = \beta = \gamma = 60°$

Konstruktion:

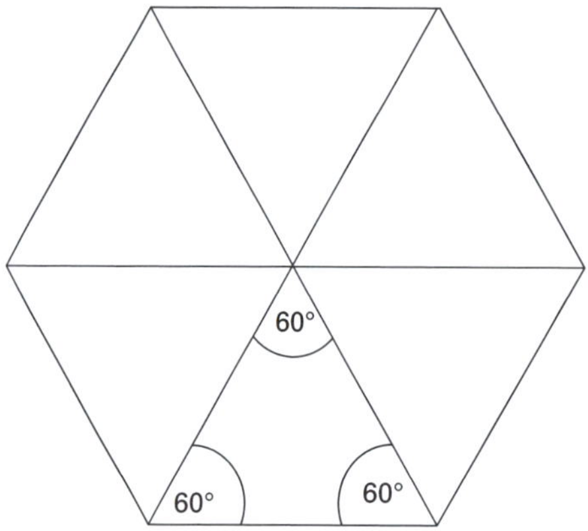

Aufgabe 4

Fläche der beiden Dreiecke:

$2 \cdot A_{\triangle} = 2 \cdot \frac{1}{2} \cdot 6\text{ cm} \cdot 4{,}5\text{ cm} = 27\text{ cm}^2$

$A_{\Delta} = \frac{1}{2} \cdot g \cdot h$

Restmantelfläche des Dreiecksprismas:

$A_{RM} = 4{,}5\text{ cm} \cdot 8{,}5\text{ cm} + 7{,}5\text{ cm} \cdot 8{,}5\text{ cm}$
$= 38{,}25\text{ cm}^2 + 63{,}75\text{ cm}^2$
$= 102\text{ cm}^2$

$A_{Rechteck} = a \cdot b$

Grundfläche des Quaders:
$A_G = 8{,}5\text{ cm} \cdot 6\text{ cm} = 51\text{ cm}^2$

Mantelfläche des Quaders:
$M = 2 \cdot 6\text{ cm} \cdot 1{,}5\text{ cm} + 2 \cdot 8{,}5\text{ cm} \cdot 1{,}5\text{ cm}$
$= 18\text{ cm}^2 + 25{,}5\text{ cm}^2$
$= 43{,}5\text{ cm}^2$

Berechnung der Oberfläche:

$O = 2 \cdot A_{\triangle} + A_{RM} + A_G + M$
$= 27\ cm^2 + 102\ cm^2 + 51\ cm^2 + 43{,}5\ cm^2$
$= 223{,}5\ cm^2$

Aufgabe 5

a) Anzahl der Schritte am 3. Tag:
63 000 – (15 750 + 21 420 + 11 970) = 13 860 Schritte

b) Anteil der Schritte an Tag 1 in %:
100 % ≙ 63 000
x % ≙ 15 750

$\Rightarrow\ p = \frac{15\,750 \cdot 100\ \%}{63\,000} = 25\ \%$

$p = \frac{PW \cdot 100}{GW}$

c) Anzahl der Schritte bei der Wanderung 2020:
105 % ≙ 63 000
100 % ≙ 63 000 : 105 · 100 = 60 000 Schritte

d) Gesamtstrecke 2021:
s = 63 000 · 60 cm = 3 780 000 cm ≙ 37,8 km

Aufgabe 6

a) Seite a der Grundfläche des Dreiecksprismas:

$a^2 = (17\ cm)^2 - (15\ cm)^2$
$= 289\ cm^2 - 225\ cm^2$
$a = \sqrt{64\ cm^2} = 8\ cm$

Pythagoras:

$a^2 + b^2 = c^2$

Volumen des Dreiecksprismas:

$V_{DP} = \frac{1}{2} \cdot 8\ cm \cdot 15\ cm \cdot 13\ cm$
$= 780\ cm^3$

$V = A \cdot h_P$
$= \frac{1}{2} \cdot g \cdot h_{\triangle} \cdot h_P$

Volumen des Halbzylinders:

$V_{HZ} = \frac{1}{2} \cdot (3\ cm)^2 \cdot 3{,}14 \cdot 13\ cm$
$= 183{,}69\ cm^3$

$V_Z = A \cdot h_Z$
$= r^2\pi \cdot h_Z$

Gesamtvolumen des Körpers:

$V_{Ges} = V_{DP} - V_{HZ}$
$= 780\ cm^3 - 183{,}69\ cm^3 = 596{,}31\ cm^3$

b) Die Höhe verhält sich direkt proportional zum Volumen.
$\Rightarrow$ Bei Verdoppelung der Höhe verdoppelt sich auch das Volumen.

Überprüfung durch Rechnung:

$V_{DP} = \frac{1}{2} \cdot 8\ \text{cm} \cdot 15\ \text{cm} \cdot 26\ \text{cm} = 1560\ \text{cm}^3$

$V_{HZ} = \frac{1}{2} \cdot (3\ \text{cm})^2 \cdot 3{,}14 \cdot 26\ \text{cm} = 367{,}38\ \text{cm}^3$

$V_{Ges.} = 1560\ \text{cm}^3 - 367{,}38\ \text{cm}^3 = 1192{,}62\ \text{cm}^3$

$1192{,}62\ \text{cm}^3 : 2 = 596{,}31\ \text{cm}^3$

Aufgabe 7

a) Masse eines 100-Euro-Scheins in g:
28,3 Millionen ≙ $2{,}83 \cdot 10^7$
$2{,}83 \cdot 10^7$ Scheine wiegen $2{,}8866 \cdot 10^7$ g.

1 Schein wiegt $2{,}8866 \cdot 10^7\ \text{g} : 2{,}83 \cdot 10^7 = 1{,}02\ \text{g}$.

b) Anzahl der Äquatorumrundungen:
$2{,}4 \cdot 10^8$ m = 240 000 000 m = 240 000 km
240 000 km : 40 000 km = 6 Umrundungen

Aufgabe 8

a)

Mietdauer in Minuten	30	② 70	120
Mietkosten in €	① 6	14	③ 24

① 30 · 0,20 € = 6 €
② 14 € : 0,20 € = 70 $\Rightarrow$ 70 min
③ 120 · 0,20 € = 24 €

b)

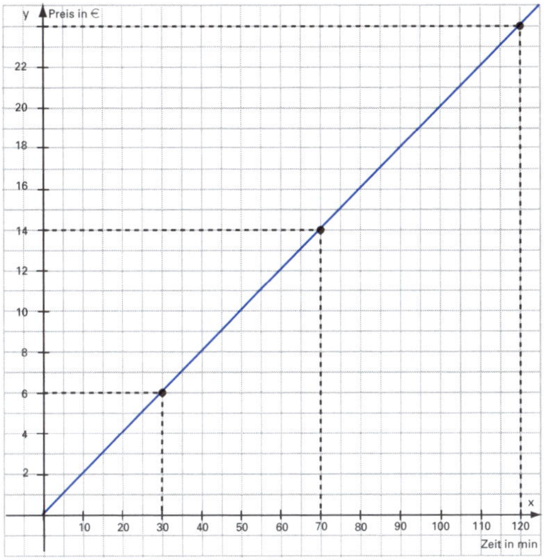

Maßstab: verkleinert

c) Mietdauer in Stunden:
396 € : 0,20 € = 1980 ⇒ 1980 min
1980 min : 60 min = 33 ⇒ 33 h

Ergebnisse auf einen Blick

Hier findest du schnell die richtigen Lösungen für die von dir bearbeiteten Aufgaben.
Es sind nur die Endergebnisse ohne Lösungswege angegeben. Die ausführlichen Lösungswege sind auf den vorangegangenen Seiten dargestellt.

Lösungen Musterprüfung I

Teil A – Seite 87

1. a) 22,26 b) 58,83
2. $54\ cm^3 = 0{,}054\ dm^3 = 54\,000\ mm^3$
3. $-6y - 6 = -18$
4. 30 cm
5. 32; 2
6. $9\ cm^2$
7. a) (-4) b) -45
8. 14 €
9. 12,5; 52 mg; 24 Gramm
10. siehe ausführliche Lösung
11. 5 cm; 60°
12. ca. 9 m

Teil B – Seite 89

Aufgabengruppe I

1. a) $x = -\frac{38}{12} = -\frac{19}{6} = -3\frac{1}{6}$
b) $x + 3x + 15 = 135$
2. $159{,}25\ cm^2$
3. a) 14-mal
b) M = {3; 6; 9}
c) $p = \frac{6}{9} = 66{,}6\ \%$
d) 5,56
4. siehe ausführliche Lösung
5. a) 1400 €
b) 3,8 %
6. a) 1 400 000 000
b) 360 000 000
7. a) 10,26 %
b) 708 631 kg
c) siehe ausführliche Lösung
8. a) 28,50; 199,50; 256,50
b)/c) siehe ausführliche Lösung

Aufgabengruppe II

1. a) x = -4,5
b) $2x + x + 3 \cdot (2x + x) + 400$ € $= 4400$ €
2. siehe ausführliche Lösung
3. a) 7,21 cm
b) 1,18 cm
c) $208\ cm^2$; $379{,}89\ cm^2$
4. a)/b) siehe ausführliche Lösung
c) M = {AA, AB, AC, BA, BB, BC, CA, CB, CC}
d) siehe ausführliche Lösung
5. siehe ausführliche Lösung
6. a) $2{,}6 \cdot 10^9$ s
b) $4{,}8 \cdot 10^5$
c) 209 Jahre
7. siehe ausführliche Lösung
8. a) 8,6
b) x = 6

Lösungen Musterprüfung II

Teil A – Seite 97

1. a) 24,48 b) 464,9
2. siehe ausführliche Lösung
3. x = 3
4. siehe ausführliche Lösung
5. 10 cm
6. 200 min; 0,9876 dm^2; 9830 kg
7. 16; 4; 8; 32
8. siehe ausführliche Lösung
9. -7; 11
10. siehe ausführliche Lösung
11. 8 400 000 000
12. ca. 16 m

Teil B – Seite 99

Aufgabengruppe I

1. x = 2
2. mind. 110,27 cm
3. a) 1878,54 cm^3
   b) 90,43 %
4. a) 6,98 m
   b) 41,88 m^2
5. a) M = {s; r; b; g}
   b) siehe ausführliche Lösung
   c) P(„rot") = 20 %
   d) siehe ausführliche Lösung
6. a) 1513,68 €
   b) siehe ausführliche Lösung
   c) 52,98 €
7. 13; 39; 104
8. a) $5{,}974 \cdot 10^{21}$ t
   b) $5{,}683 \cdot 10^{29}$ g
   c) ca. 95-mal
9. siehe ausführliche Lösung

Aufgabengruppe II

1. x = 20
2. siehe ausführliche Lösung
3. siehe ausführliche Lösung
4. 125,8 cm^2
5. a) M = {71, 72, 73, 74, 75, 76, 77, 78}
   b) M = {1, 3, 5, 7}
   c) siehe ausführliche Lösung
6. siehe ausführliche Lösung
7. a) $9{,}97 \cdot 10^{12}$ m
   b) 510 000 000 000 000
   c) ca. 51-mal
8. siehe ausführliche Lösung
9. a) siehe ausführliche Lösung
   b) 41,57 cm^2

Lösungen 2022

Teil A – Seite 111

1. a) 55 b) 495,91

2. Neuer Preis: 88 €;
Preisnachlass: 25 %
Alter Preis: 30 €

3. a) siehe ausführliche Lösung
b) $x = 2{,}2$

4. 24

5. siehe ausführliche Lösung

6. wahr, wahr, falsch, falsch

7. a) 1,8 m b) 190 cm^2 c) 600 ml

8. siehe ausführliche Lösung

9. siehe ausführliche Lösung

10. 5,7 mm; 27,5 m^2; 10^5

11. 18 m

Teil B – Seite 119

Aufgabengruppe I

1. $x = 2$

2. $x = 5$

3. a)/b) siehe ausführliche Lösung;
c) D (0 I 6)

4. a) 15 %
b) 199,92 €
c) siehe ausführliche Lösung

5. $V = 385\,000\ cm^3$

6. $A_G = 33{,}6\ cm^2$

7. a) A → Graph 3
B → Graph 2
b) 10
c) ab 6 Filmen
d) siehe ausführliche Lösung

8. a) 960 000 000
b) Martin hat recht.

Aufgabengruppe II

1. $x = 3$

2. g: 23; p: 14; b: 28

3. siehe ausführliche Lösung

4. $O = 223{,}5\ cm^2$

5. a) 13 860
b) 25 %
c) 60 000
d) 37,8 km

6. a) $V = 596{,}31\ cm^3$
b) siehe ausführliche Lösung

7. a) 1,02 g
b) 6

8. a) 6 €; 70 min; 24 €
b) siehe ausführliche Lösung
c) 33 h

A. Hör- und Hörsehverstehen

1. Telephone Conversation

Fill in the missing information.

(1) meeting (2) start (3) 9:30 (4) changed, 9 o'clock / 9:00 (5) 20 minutes

2. Voicemail Message

Find the true statements.

1	2	3	4
A	D	E	G

3. TV Interview

Write down the correct letter.

No.	Letter
1	E
2	C
3	F
4	D
5	B
6	A

4. Dialogue

(1) They went to Spain last year.
(2) Emily would like to do a city trip, preferably to Paris.
(3) Peter would rather go hiking.
(4) Because Peter wanted to.
(5) That they compromise and do the city trip.

5. Radio Show

Today's topic	Your favourite sport
Phone number for the show	330065
First caller's name	Patrick
Caller's favourite sport	beach volleyball
At what age did he start playing	(at age) 17
Why does he like it (name two reasons)	▶ not a contact sport ▶ requires physical fitness, sensitivity, team spirit ▶ beautiful and athletic at the same time ▶ reminds of the sun, the ocean, a holiday feeling

B. Sprachgebrauch

1. Find the plural form of these nouns.

a) books b) lives c) factories d) mice e) children f) tomatoes

2. Make nouns out of verbs.

a) attraction b) attachment c) confirmation
d) fear e) management f) misunderstanding

3. Find the missing words and fill in the gaps.

a) winter b) doctor/hospital c) country
d) bicycle/bike e) mountain f) pupil

4. Fill in the missing prepositions.

on/in – with – at – in – below – into – from – towards – between – for

5. Who or which? Complete the sentences.

a) who b) which c) which d) Who e) which f) Who

6. Put these sentences into the negative form.

a) My friend hasn't learned Russian for three years.
b) Susan wasn't in France last year.
c) My father won't fly to London next month.
d) Ryan doesn't eat vegetables.
e) Mr Jones doesn't work in his garden.

7. Underline the correct word in these sentences.

a) <u>plane</u> b) <u>knew</u> c) <u>two</u>
d) <u>hear</u> e) <u>break</u> f) <u>tales</u>

8. Find the right word for the definition.

a) kitchen b) hairbrush c) waiter/waitress/chef/cook
d) cat e) school f) key

9. Find words that mean the same / opposite.

same meaning	opposite meaning
right – correct	come – leave
talk – speak	slow – fast
allow – permit	answer – question

10. Fill in the correct pronouns.

their – my – his – yours – mine – your – hers – it

11. Make sentences and use all the words.

a) I started to play the piano when I was eight years old.

b) We have different musical groups at our school.

c) Normally I like our school lunch.

d) I always eat cereals in the morning.

e) What are your favourite subjects and hobbies?

f) My class will travel to Wales at the end of the school year.

12. Make sentences with the words below.

a) The little boy was happy to get a big ice cream cone.

b) Yesterday I bought a very cheap shirt at Oxford Street.

c) Why don't you invite your friends over?

d) I would like to learn French.

e) My grandpa met a very helpful young man at the station.

f) Have you seen the new Star Wars movie at the cinema?

13. Fill in the correct word.

❶ evening ❷ thief ❸ immediately ❹ had observed ❺ very
❻ mountain ❼ surprised ❽ investigation ❾ about ❿ was

14. Fill in the correct word.

❶ distributing ❷ within ❸ have ❹ come ❺ than ❻ provides

C. Leseverstehen

Text 1

1. Answer the questions.

(1) You cannot touch Bitcoins.

(2) To make banks unnecessary. / Everyone could transfer money from their laptop or smartphone.

(3) Because any Bitcoin user in the world can check for manipulations.

(4) Because so many people trade the currency, hoping to make money.

2. Tick the correct meaning.

(1) virtuell (2) Brief (3) Folge (4) entdecken

3. Write down the correct lines.

		line or lines
(1)	People made a lot of money instantly.	2 – 3
(2)	The name of the main digital currency.	7 – 8
(3)	People want to make banks unnecessary.	13 – 15
(4)	His job is handling money.	22 – 23
(5)	Bitcoin only works if people believe in it.	33 – 34

Text 2

1. Mark the correct statements.

a) ☒ Namibia

b) ☒ You can come with a 2-wheel-drive vehicle to visit the park.

c) ☒ You will be lodged in camps during your visit.

d) ☒ The waterholes are floodlighted at night.

2. Answer the questions.

a) In the dry season between June and November.

b) Because you can observe the animals even during the night.

c) Lions are not seen very often.

3. Find the expression.

a) offers an unbelievable variety of animals

b) you will be fascinated and enchanted

Text 3

1. True, false or not in the text?

a) true
b) not in the text
c) false
d) false
e) true
f) true

2. Find the correct heading.

1	2	3	4	5
D	E	B	C	A

3. Answer the questions.

a) "Bollywood" is a combination of the names of the cities Bombay in India and Hollywood in the USA.

b) The mixture of music, dance, love, action, comedy as well as fight scenes, is very different to Western movies.

c) The movies are very long and the break is used to enhance the drama of them.

d) The fact that there are so many different languages spoken in the country.

D. Sprachmittlung

1. Answer your parents' questions.

a) Die Schule gibt es seit 1994.

b) Die Schule gehört einer ortsansässigen Familie.

c) Es gibt viele verschiedene Möglichkeiten der Unterbringung. Für mehr Informationen soll man sich direkt mit den Anbieter/-innen in Verbindung setzen.

d) Ja, die Unterbringung ist nicht im Kurspreis enthalten.

e) Es gibt zwei Kurse. Der Mini-Camp-Kurs ist für beide Altersgruppen (8 – 12 und Teenager) geeignet, mit fünfmal jeweils zwei Stunden, morgens oder nachmittags. Der Full-Day-Camp-Kurs ist für über Zwölfjährige und besteht aus zwei Einheiten pro Tag von Montag bis Freitag.

f) Der Mini-Camp-Kurs kostet £140 pro Person, inklusive Ausrüstung, Surftest und Zertifikat für jede/-n Teilnehmer/-in.
Der Full-Day-Camp-Kurs kostet £220, beinhaltet das Gleiche wie der Mini-Camp-Kurs, aber man bekommt zusätzlich £5 Rabatt auf Sweatshirts und Neoprenanzüge.

2. Der Mittlere Westen der USA

Landschaften und Klima	Wirtschaftszweige	Touristenattraktionen
▶ liegt zwischen den Rocky Mountains im Westen und dem Appalachen-Gebirgszug im Osten ▶ überwiegend flache Landschaft, aber auch Hügellandschaften und vereinzelt Mittelgebirgszüge ▶ die „Great Plains", eine flache und sehr dünn besiedelte Großlandschaft, besteht aus Grassteppe und riesigen landwirtschaftlichen Nutzflächen ▶ teilt sich mit Kanada die größten Süßwasserseen der Welt: Lake Superior, Lake Michigan, Lake Huron, Lake Erie, Lake Ontario ▶ oft sehr heiße Sommer und extrem kalte und lange Winter	▶ überwiegend Landwirtschaft wegen der riesigen flachen Landstriche, die mitunter auch sehr fruchtbare Böden aufweisen ▶ die landwirtschaftlichen Haupterzeugnisse sind Mais, Weizen, Sojabohnen, Hafer ▶ eine Reihe großer Betriebe aus dem Bereich der Fertigungsindustrie: Eisenerzförderung, Stahlproduktion, Automobilproduktion	▶ die Metropole Chicago in Illinois ist die größte Stadt des Mittleren Westens und die drittgrößte Stadt der USA Chicago bietet z. B.: 1. international bekannte Kunstmuseen 2. einige der eindrucksvollsten architektonischen Meisterwerke der Welt 3. sehr erfolgreiche Topclubs in den Sportarten Baseball, Basketball und American Football ▶ Mount Rushmore in South Dakota: die Gesichter von vier Expräsidenten der USA sind hier in einen riesigen Felsen eingemeißelt ▶ Mall of America in Bloomington, Minnesota: eines der größten Einkaufs- und Unterhaltungszentren in den USA

3. Make notes.

a) ▶ Jürgen und Gwen heiraten (2023)
- ▶ eine formelle Einladung kommt noch per Post
- ▶ die Hochzeitsfeierlichkeiten finden in Portwrinkle in Cornwall statt
- ▶ wir sollen mitteilen, ob wir in einem der Hotels übernachten wollen, in denen sie Zimmer vorreserviert haben
- ▶ ob wir besondere Ernährungsbedürfnisse haben

b) ▶ (mother) is very happy for them
- ▶ family is in England anyway at the time of the wedding
- ▶ (family) is staying in Plymouth, so no need of hotel
- ▶ we have a car, getting there is fine
- ▶ mother is a vegetarian, which should be no problem

E. Text- und Medienkompetenzen

1. Text message

Hi Conor,

What the hell was that all about in the canteen today? Why did you and Allison treat me like that? I was just trying to warn Allison that she might be getting into trouble. I don't think she is really aware of all the possible consequences that going out with a Catholic boy may have. Well, I must admit that I do understand Allison's behaviour a little bit. After all, she's in love, which is why she defended both her new boyfriend and her relationship with him. But why did you side with Allison in that situation? I mean, don't you see how dangerous this is? Obviously, you just got carried away by your ridiculous enthusiasm about Cal's swimming career. Conor, wake up! This is Northern Ireland we are talking about, where being Catholic or Protestant is way more important than your bloody craze for swimming.
Anyway, I was really annoyed with the two of you, especially when you just walked away from me, leaving me behind in the canteen like some pathetic fool. I really think you owe me an apology.

Best, Lucy

2. Questionnaire: London Museums

name of museum	short description of what the museum has to offer	tick ✓
The National Gallery	▶ paintings ▶ sculptures ▶ other works of art	
London Fire Brigade Museum	▶ different fire engines that have been in service for last 200 years ▶ various kinds of equipment used by firemen over time	
Ragged School Museum	▶ gives an idea about what school was like in Britain for the poor in 18th and 19th centuries ▶ short classes taught by extremely strict teacher, with you as student sitting in uncomfortable wooden bench in 19th century classroom	
Cartoon Museum	▶ cartoons from 17th century up to present on display ▶ cartoons illustrate social and political problems of the times in which they were created ▶ cartoons are funny because they make fun of people, things or events	✓
Science Museum	▶ interactive ▶ hands-on scientific experiments	

3. Write an ending.

No matter how much I disliked this idea, I was nevertheless sure that I had to follow it and take action accordingly. "Listen. I need to go now because I am on my way to school. But you'll be fine. I promise", I said to the old lady. I must admit that I hated myself for what I had just said and even more for what I was about to do. And yet I walked past the house to turn right just behind it. I made sure the old lady could not see me anymore. Then I took out my smartphone to call the police. My hand was shaking while I was speaking to the police officer on the phone ... I did not really have any other options, or did I?

F. Schreiben

1. Correspondence: E-Mail

Dear Sir or Madam

Last night I saw an advertisement on the Internet about your hotel. Since I'm planning to spend my holidays in Italy, I would like to have some more information about your hotel. My friend and I would like to stay from October 10th to October 18th. Are there rooms available during this period of time? Could you make us a special offer on your prices because we are students? We will travel by train, so could you please provide us with a journey description on how to reach you best.
Thanks in advance for your help.

Yours
Marie Schnabel

2. Creative Writing: Picture Story

Not everything was perfect during the pupils' stay in London. So Kevin and Martin had this view of the journey.
The so-called short walks in the centre of London turned out to be hard marches. The distances there are very long. No wonder that our feet were aching every time. But our teacher had no mercy.
One evening we were allowed to go out in groups. But every time we found a place that looked interesting it said at the entrance that youths were off limits. When we told our teacher he only said that we had saved a lot of money.
A kind of orienteering event was a disaster. All the groups had difficulties in finding the way and some of our mates arrived late at night. Our teacher had stayed at the hostel all the time and looked really relaxed.
And then the sightseeing. In every weather we had to go out and listen to endless explanations about some old and dull buildings. And the weather in London is quite different from the weather in Rome. If you know what I mean.
A clever idea to cover the long distances didn't work either. We tried to go on a bus but we had chosen the wrong time. It was rush hour and all the buses were overcrowded and we had to walk on foot.

3. Correspondence: E-Mail

Dear Mr Karl

Last April I booked a holiday at your agency. The picture of the hotel your employee showed me in the brochure was very appealing. But when I arrived there two weeks ago, I was horrified. The hotel wasn't even finished and there was a lot of noise and dirt. Not to mention that there was no view of the ocean at all.
I would now ask you to give me a price reduction because it was definitely not what you offered me.
If I don't hear from you till the end of this week, I will have to hand this matter over to my attorney.

Yours sincerely
C. Gruber

4. Creative Writing: Picture Story

Summer Camp in Bavaria
This year I had an awful holiday. Adventure-camp in Bavaria sounded good, but when I arrived there, I realised that the camp was far out in the mountains. We had to carry all our equipment there, a long way to go, always uphill on narrow paths full of stones. And the camp? Man, no comfort at all! We had to sleep in tents and cook our own meals over a campfire. And we had to wash in the ice-cold water of a nearby lake. No wonder that I caught a bad cold on the second day. I felt so miserable that the camp-leader phoned my parents and they had to come collect me. My father had to carry my equipment, but that was only downhill. Well I'm sure this was my first and last try of an adventure camp ... next year I will go to a nice hotel at a long white beach.

5. Correspondence: E-Mail

Hi, Andy

Thanks very much for your letter which I received yesterday. As you know, I always dreamt of becoming an animal keeper. So I was very happy when I got my internship at our local zoo since those places are very popular. At the zoo I was assigned to the bird's section, which at first I thought would be boring ... but in the end I discovered that some birds like the penguins are quite funny actually. I had to clean the aviaries, prepare their food and over all just had to look after them. I enjoyed my internship very much and would be overly happy if my dream of becoming an animal keeper at the zoo would be fulfilled.
Looking forward to hearing from you again soon.

Yours
Nadine

6. Creative Writing: Picture Story

My holiday job
I always dreamt of this cool new mountainbike and saved all my money for it. But it wasn't enough. So I started a holiday job at Mc's. That meant getting up at five. The alarmclock really is a brutal early-morning starter! The job itself was not the ideal one as well. I had to serve customers. That sounds great, but after an hour of different wishes, nasty children and stressed out parents you know what you've done! Going home at the end of the shift? No way! At first you have to clean everything, take away the rubbish, the remains, and the empty bottles and mugs. In the end I've come to the conclusion that I better buy a cheaper bike.

A. Hör- und Hörsehverstehen

Part 1 – Task 1

(1) As far as Leo remembers, ~~he~~ was still rather poor when he came to Dublin.
(2) Leo has learned to speak English almost like a ~~natural~~ speaker.
(3) Leo thinks that the Irish are friendly in ~~every~~ life.
(4) There are two things that Leo has always been very ~~proud~~ of.
(5) The Wicklow Mountains offer lots of fantastic ~~biking~~ trails.
(6) Mr Jenkins thinks that Dublin is a great place for ~~tens~~ of outdoor activities.
(7) Leo will soon be able to enjoy a hot summer in ~~Bulgaria~~.

Part 2 – Task 2

(1) They were not sure (at all) / They wondered whether that was a good idea.
(2) (He can sometimes be) an annoying teenager.
(3) Up until / Up to / Until Leo's arrival / Leo arrived (in Dublin).
(4) They have grown (quite) fond of Leo.
(5) (Leo / He would like Ryan) to spend some time in his / Leo's family in Germany.
(6) (So that / In order that / Because then) Leo will have fond / great / happy / nice memories of his last day in Dublin.

Part 3 – Task 3

	information given in the announcement
The number of the Aer Lingus flight from Dublin to Munich is …	**(0) EI 352 .**
There is a technical problem with …	(1) the air conditioning system (of the aircraft).
The flight to Munich will be delayed until …	(2) further notice.
Aer Lingus will try to …	(3) rebook the passengers on another flight to Munich.
A flight to Rome is scheduled to …	(4) depart in 45 minutes.
The passengers are asked to take all their …	(5) personal belongings with them when leaving the boarding gate area.

B. Sprachgebrauch

1. Complete the text using the correct words.

1 any/every
2 most
3 one
4 but
5 in
6 than
7 by
8 on
9 age

2. Fill in the gaps using the words in brackets.

1 certainly
2 northern
3 charming
4 famous
5 highly
6 lovers
7 rocky
8 excitement
9 attractions

C. Leseverstehen

1. Match the titles to the paragraphs.

1. C
2. F
3. -
5. -
6. B
7. D
8. E

2. Answer the questions.

(1) (Because) He / Jack had never (even) been outside of Texas (all his life).
(2) (He was wearing) baggy shorts, white sports shoes and a baseball cap (backwards).
(3) (They have) five or (even) six (lanes).
(4) coyotes, buffalos, poisonous snakes and scorpions
(5) baseball and rugby

3. Put the events into the order in which they happend.

Jack said that he used to play baseball in Texas.	**4**
Jack was very interested in what Ryan told him about rugby.	6
Jack compared the size of motorways in Dallas and Dublin.	1
Jack told the others about exotic animals that can be found in Texas.	3
Ryan's mother was scared to death by how fast the cars were driving on the M50.	
Ryan's father told Jack about Ryan playing on a national rugby team.	5
Ryan began to be annoyed with Jack.	**2**

4. Find the true statements.

(1) e
(2) g
(3) h

D. Sprachmittlung

Kurzreferat

Das Thema meines Kurzreferats sind weit verbreitete Vorurteile gegenüber Menschen aus bestimmten Teilen des Vereinigten Königreichs.

Menschen aus Schottland zum Beispiel werden von anderen Bewohnern des Vereinigten Königreichs häufig als geizig eingeschätzt. Zudem werden Schotten fast automatisch mit speziellen äußeren Merkmalen wie Dudelsäcken und Schottenröcken in Verbindung gebracht, als ob alle Schotten diese besondere Kleidung tragen oder dieses besondere Musikinstrument spielen würden.

Das zweite Beispiel bezieht sich auf Menschen aus Nordirland. Sie sind dem sehr verbreiteten Vorurteil ausgesetzt, aus einem Landesteil zu kommen, in dem es immer nur um Bürgerkrieg, Bombenanschläge und Hass geht. Zwar gab es dort bis etwa 1990 tatsächlich immer wieder politisch motivierte Gewalttaten, aber sie geschahen nicht so häufig, wie es das Vorurteil vermuten ließe. Zudem sind diese Gewalttaten seit Ende der 1990er-Jahre deutlich zurückgegangen.

Schließlich wird auch Wales nicht von Vorurteilen verschont, denn es wird sehr oft mit riesigen Schafherden assoziiert, sodass Waliser nicht selten als Schafhirten betrachtet werden, selbst wenn sie weder privat noch beruflich mit Schafen zu tun haben.

Bewohner des Vereinigten Königreichs, die den oben erwähnten Vorurteilen ausgesetzt sind, reagieren darauf oft mit Traurigkeit, Verärgerung oder gar Hassgefühlen. Sie wünschen sich, dass die Menschen diese Vorurteile überdenken und sich letztlich sogar von diesen lösen. Sie würden es gerne sehen, wenn andere, positivere Aspekte des jeweiligen Landesteils in den Vordergrund gerückt würden. So wäre es zum Beispiel aus Sicht der Einwohner Nordirlands wünschenswert, die Gastfreundschaft und die außergewöhnliche Freundlichkeit hervorzuheben, die vor allem mit der Republik Irland in Verbindung gebracht werden, die aber ebenso in Nordirland weit verbreitet sind.

E. Text- und Medienkompetenzen

Write an ending to the conversation.

Dies ist nur ein Beispieltext. Andere Lösungen sind möglich.

Ryan: David!! What is wrong with you? I can't believe how unfair and rude you are being. And for no reason whatsoever. After all, Jack told us a couple of minutes ago that he is only a beginner in rugby. That is quite a modest statement, isn't it?

Liam: I perfectly agree with you, Ryan. These kinds of prejudices and stereotypes are just bullshit. And why are you criticising Jack like this, David? He has done you no harm whatsoever.

David: Why are you all picking on me now? All I said is something everyone knows anyway. Americans are arrogant show-offs.

Jack: I don't think I need to listen to this any longer. If you don't take back what you've just said, I think we'll have to fight it out, David.

Ryan: Forget it, Jack. He's not worth a fight. Liam, Jack, let's go. … Just one last thing, before we leave, David. I think you owe Jack and me an apology, otherwise this will be the end of our friendship.

Liam: I think you are right, Ryan. An apology is absolutely necessary. You don't need to apologise right now, David. We should give you some time to think about your behaviour today. But without an apology in the next couple of days, you will lose two friends at the same time … Jack, Ryan, come on! Let's go!

F. Schreiben

Correspondence: E-Mail

Dear Holly,

How are you? I'm so excited that you will soon be coming to Lindau.
I have already made a plan for your stay in Germany. How about going on a bike tour all around Lake Constance? If we cycle about 50 kilometres per day, we can get around the lake within 5 days. We can stay at campsites or youth hostels. We would be travelling through parts of Switzerland and Austria on our tour. Isn't that thrilling?
Please let me know if there is anything you would (or would not) like to do on the tour. And please say hello to your parents for me.

Take care,
Marina

Creative Writing: Picture Story

… was reading out from a textbook. Then he moved to the board to write something on it. That is why he could not see Mary writing a message on a piece of paper. Mary handed the message to Laura, who was sitting right next to her. Laura read the message, started to giggle and wanted to pass it to Jennifer across the aisle. At that very moment, however, Mr Hawk turned around and asked Laura to give him the piece of paper. Mr Hawk looked at the message, which read "I'm in love with Mr Hawk". Laura covered her face with her hands in embarrassment, while Mary and Jennifer started to laugh.

Englisch-Musterprüfung II

A. Hör- und Hörsehverstehen

Part 1 – Task 1

(1) In Jenny's opinion, Robben Island Museum was ~~exciting~~.
(2) Jenny's father says that Nelson Mandela was the most famous black ~~boxer~~ of South Africa.
(3) Nelson Mandels had been a prisoner for ~~26~~ years.
(4) Robben Island is an important part of South Africa's ~~geography~~.
(5) There are ~~exotic~~ fish tanks at the Two Oceans Aquarium.
(6) Table Mountain is about 3 ~~m~~ wide.
(7) They really enjoyed the fantastic ~~food~~.

Part 2 – Task 2

(1) (moments of) failure and frustration
(2) the world of adulthood
(3) (a) smooth and joyful (one)
(4) He was released (from prison).
(5) (There was a feeling) of hope for a better future.
(6) (their) respect for their neighbour, for their fellow citizen, or for any human being

Part 3 – Task 3

	information given in the conversation
Nelson Biko would like to know what subject Harry did or did not …	(1) **like** at school.
Most of the time Harry was quite …	(2) **bored** in class.
Mrs Branson thinks that her son has not yet understood the serious …	(3) **side** of life.
Nelson Biko asks Mrs Branson to leave the room so that he can have a …	(4) **chat** with Harry alone.
After Mrs Branson has left the room, Harry feels ashamed of his mother's …	(5) **behaviour**.

B. Sprachgebrauch

1. Complete the text using the correct words.

1. about
2. planet/globe
3. explain/describe/outline
4. but
5. which
6. did
7. their
8. what
9. more

2. Fill in the gaps using the words in brackets.

1. visible
2. highly
3. belongings
4. locked
5. parking
6. extremely
7. intention
8. instructions
9. dangerous

C. Leseverstehen

1. Match the titles to the paragraphs.

1. -
2. D
4. B
5. E
6. A

2. Answer the questions.

(1) (Because) they have cages there / in zoos.
(2) (It is) a famous wildlife reserve (near Johannesburg).
(3) (It / The group consisted of) four men and two women.
(4) (Peter / He had spotted them / the lions resting) in the hot sun.
(5) He / The lion walked back to his family.
(6) He / George would like / wants to go to the zoo with him / his son / Andrew.

3. Put the events into the order in which they happened.

Andrew and Carol were anxious for George to return to England.	**5**
The members of the safari group took pictures of the Range Rover.	
The engine of the Range Rover failed to work.	2
George rang his wife and son.	1
Andrew said that he would be happy to go to the zoo with his father.	6
The safari guide repaired the car.	4
The lion tried to get into the car.	**3**

4. Find the true statements.

(1) c
(2) f
(3) i

D. Sprachmittlung

Emma (1): Nein, Papa. Südafrika ist alles andere als ungeeignet zum Wandern. In dem Interview hat eine Frau gesagt, dass es in Südafrika einige der schönsten Wanderrouten der Welt gibt. Und diese Routen führen durch schroffes Gebirge, grüne Wälder, tiefe Schluchten oder trockene Wüstengebiete.

Emma (2): Das ist es ja gerade. Auch in dieser Hinsicht würde Südafrika Mama bestimmt sehr gefallen. Dort gibt es nicht nur phänomenal schöne Strände, sondern auch eine Vielzahl an exotischen Meerestieren zu sehen, z. B. Pinguine, Robben, Delfine und Wale.

Emma (3): Papa, in dem Interview habe ich etwas erfahren, was ich auch noch nicht wusste. Die meisten Menschen denken bei Südafrika immer an Schwarze und Weiße, die dort leben. Aber die Bevölkerung ist viel bunter, als man denkt. Zunächst einmal besteht die schwarzafrikanische Mehrheit der Bevölkerung aus vielen verschiedenen Stämmen, die alle ihre eigenen Traditionen und Kultur haben. Außerdem sind die sogenannten „Weißen" Südafrikas auch deutlich unterschiedlicher, als viele Menschen glauben, denn sie haben britische, holländische, deutsche oder französische Wurzeln. Schließlich gibt es noch eine Bevölkerungsgruppe mit asiatischen Vorfahren, die ebenfalls eigene Feste, Sprachen, Religionen und Kochtraditionen haben.

E. Text- und Medienkompetenzen

Dies ist nur eine Beispiellösung für das Quiz. Andere Lösungen sind möglich.

1. Why do Mia's parents keep lions in cages on the farm?
2. Why is Charlie's birth a sensation?
3. How long does it take from Charlie's birth until he has grown into an adult lion?
4. Why does Mia's father sell Charlie to trophy hunters?
5. Why do trophy hunters kill wild animals?
6. Why may animals not be killed in wildlife reserves?
7. How can the South African savanna be described?
8. Why can Mia's escape with Charlie be described as funny and dramatic at the same time?
9. What might Mia feel (or think) when she and Charlie reach the wildlife reserve?

F. Schreiben

Correspondence: E-Mail

Dear Sally,

Did you arrive home safe and sound? Was it a culture shock after a year in Germany? Tell me what you did or didn't like about your job and my family. I guess looking after Amelie was stressful at times, wasn't it? But you liked cooking, right? The traditional South African meals you cooked were delicious. How did you like Fussen and the trips we took, for example, the one to "Schloss Neuschwanstein"? The Alpine scenery is amazing, isn't it? Could you imagine working as an au-pair again in the future?
Please write back. I miss you.

Johanna

Creative Writing: Picture Story

... a jetty[1], looking at the water. Lucy did not notice that her boyfriend Jake was tiptoeing towards her from the other end of the jetty. He was holding a bunch of red roses behind his back. Shortly before Jake reached Lucy, she turned around and saw him. She immediately stood up and wanted to step forward to hug Jake. At this moment, however, Jake showed Lucy the bunch of roses and said, "Lucy, I love you. Do you want to marry me?" Then he started leaning forward to kiss her. Taken by surprise, Lucy leaned backwards and fell into the water. As Jake was shocked, he threw the roses into the water.

[1] jetty: (Anlege)Steg, Pier, Mole

Englisch-Prüfung 2022

A. Hör- und Hörsehverstehen

Part 1 – Task 1

(1) (long) street
(2) 40
(3) last-minute
(4) free entry
(5) bus tour
(6) 3 / three days
(7) cheaper

Part 2 – Task 2

(1) (a bit) (further) north, west of Central Park
(2) subway / cab (walk)
(3) (the show at) 8.30 (pm)
(4) ground floor (seats)
(5) (by) credit card

Part 3 – Task 3

(1) ☑ compare your hand with a professional's.
(2) ☑ entertainment since 1879.
(3) ☑ former president.
(4) ☑ change the floor.
(5) ☑ 'The Fight of the Century'.
(6) ☑ Michael Jordan's first game.

B. Sprachgebrauch

1. Fill each gap with one suitable word.

1 they
2 a
3 at / every / all
4 entrances / those / others
5 has / transports
6 most
7 look / appear
8 hide

2. Fill in the gaps using the words in the correct form.

1 height
2 Fifth / fifth / 5th
3 were
4 successful
5 leading

6 (had) signed
7 came
8 painters
9 has become
10 attraction

C. Leseverstehen

1. Tick the correct ending for each sentence.

(1) ✔ in a café.
(2) ✔ street food.
(3) ✔ Empire State Building.
(4) ✔ experience the atmosphere.

2. Answer the questions.

(1) (they travelled) four / 4 hours
(2) (because it was) close to the coolest places in Manhattan
(3) It was windier and colder (than they had expected)
(4) (they went) shopping
(5) (from) the observation deck / the Rockefeller Center

3. Match the titles to the paragraphs.

(1)	using public transport in New York can be exciting and interesting?	**F**
(2)	the girls had dinner at an elegant place?	**E**
(3)	the girls are still waiting for their plan for the future to become reality?	**G**
(4)	they used an old-fashioned way to get around a popular part of Manhattan?	**E**
(5)	they realized for the first time that they were finally in the city of their dreams?	**C**

4. Tick the correct meaning.

(1) ✔ dennoch (Adverb)
(2) ✔ allzu (Adverb)
(3) ✔ ungefähr (Adverb)
(4) ✔ nennen (Verb)

D. Sprachmittlung

E-Mail

Hi,

im Internet bin ich auf einen tollen Foodblog gestoßen. Ich denke, da wäre auch für euch etwas dabei.

Für Chris empfehle ich „lilafarbenes Eis". Es ist deshalb lila, da es aus einer lilafarbenen Süßkartoffel gemacht wird. Auch wenn es ein bisschen nach Lavendel schmeckt, schmeckt es trotzdem süß. Der Geschmack erinnert wohl an den von einem klassischen Vanilleeis. Diese Mischung aus Lavendel- und Vanille-Geschmack macht das Eis zu etwas ganz Besonderem. Und Chris, du magst doch gerne Eis, nicht wahr?

Da ich weiß, dass Kim nichts Süßes mag, habe ich für sie etwas sehr Außergewöhnliches. Es nennt sich „Sushidonut". Es ist ein Donut, der aus Reis besteht und du kannst alle möglichen Toppings dazu auswählen. Zum Beispiel Lachs, Avocado und Gurke. Auch Früchte sind als Topping möglich, wie zum Beispiel Mango. Das hört sich doch gut an.

Lasst's euch schmecken ☺

Liebe Grüße

E. Text- und Medienkompetenzen

CENTRAL HOSTEL	
First name	Lindsey
Last name	Smith
Number of guests	[2] adults [ ] children
Room category	double room
Check-in date	May 2nd
Length of stay	fortnight / 14 days

Special requests: (auch andere Formulierungen sind möglich)

- Could we get a room and bathroom of our own?
- Is it possible to get 2 single beds?
- We would like to book breakfast only.
- One of us is vegan.
- Could you help us with the transport from the airport to your hostel?
- Are there any safety lockers in your hostel?

F. Schreiben

E-Mail

To: robertson.family@wxy.com
From: Laura.Star@yahoo.com
Subject: Babysitting

Dear Family Robertson,

my name is Laura and I recently saw your advert in the daily magazine. As I love babysitting I would like to apply for the job. I'm 16 years old and I go to Middle School. I'm in my last year and my exams will be soon. My hobbys are meeting friends and doing sports like basketball. As I wrote, I love babysitting. I'm really happy when I'm with little kids. My nephew is two years old and I like spending time with him. In the future I would like to be an educator.
Well, how many kids do you have and how old are they? Please tell me where you actually live and when you need me to look after your children. What are the working hours? I would also like to know how much you pay.
I'm really looking forward to hearing from you soon and I would be happy to be your babysitter.

Best wishes

Laura

Picture Story

Best lunch ever

Last summer, Alex and some friends went on a hiking tour. In the morning Alex prepared his snacks for the tour. He sat in the dining room when he realized that his friends were already waiting outside. He was surprised that they were early, so he grabbed his backpack and left the house. The kids had a great hiking tour through the mountains and they enjoyed the beautiful view. After a few hours they found a nice place under some trees where they decided to take out their picnic blankets. When Alex opened his backpack, he was shocked. "Well, I think I forgot to put my snacks into my backpack", he said and sounded very sad. "No problem", his friends answered. "We can share our snacks. Here an apple for you." Alex felt very happy. From his friends he got an apple and sandwiches and a lot more. "Well, what would I do without you", said Alex and was really thankful about the fact that he had such nice friends.

Notizen

Notizen